⌐KBI-키 비브리칼⌐

성경해석학

'성경 해석학과 일터교회 사역'

김동연 지음

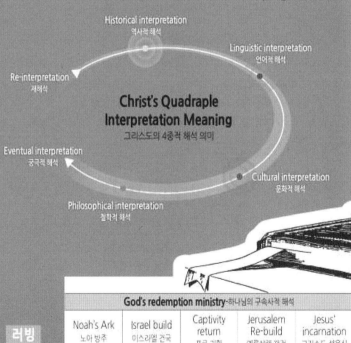

Historical interpretation
역사적 해석

Linguistic interpretation
언어적 해석

Re-interpretation
재해석

Christ's Quadraple Interpretation Meaning
그리스도의 4중적 해석 의미

Eventual interpretation
궁극적 해석

Cultural interpretation
문화적 해석

Philosophical interpretation
철학적 해석

God's redemption ministry - 하나님의 구속사적 해석

Noah's Ark 노아 방주	Israel build 이스라엘 건국	Captivity return 포로 귀환	Jerusalem Re-build 예루살렘 재건	Jesus' incarnation 그리스도 성육신
구원	세움	모음	재건	성육신

[포스트 크리스텐덤 시대를 위한 성경해석학]

러빙 터치

Key_Biblical_Interpretation

Biblical Interpretation for the Post-Christendom

Korean version First edition copyright
© Nov. 28. 2024
by Kim, Dong-Yoen (Th.D., D.C.C)
Jesus, Loving Touch Press

Requests for information should be addressed to:
Author Contact: Kim, Dong-Yoen
010-9832-9004/ E-mail: igilja@hanmail.com

Jesus Loving Touch Press
Printed in Korea

Author-Korean
Pae, Soo-Young (D.G.Miss. D.D.Theol)
Editorial and publication-Jesus Loving Touch Press

Publication registration
25100-2016-000073(2014.2.25)
17(#1709-203), Deongneung-ro 66-gil,
Dobong-gu, Seoul, of Korea
010-3088-0191/ E-mail: pjesson02@naver.com

포스트 기독교 시대를 위한 성경해석학

Key_Biblical_Interpretation

키_비브리칼_성경_해석학

포스트 기독교 시대를 위한 성경해석학

포스트 크리스텐덤 시대를 위한
키 비브리칼 해석학 발간에 붙여!

기독교 종교개혁운동 이후(16세기)의 결과, 오늘날 기독교가 종교적인 주류세력으로 발돋음 한 것을 부인할 수 없다. 2천년 역사의 '기독교'는 오직 예수 그리스도를 믿음으로 구원을 얻는 종교임에는 틀림 없다. 기독교는 예수 그리스도의 십자가와 부활을 통해 구약성경의 토대를 근본 삼아 신약성경 위에 세워졌으며, 오직 예수 그리스도의 복음을 전한 사도, 속사도, 교부, 감독 등의 순교의 발판을 터전 삼고 시작되었다.

바른 개혁신앙의 정신은 잘못된 신앙을 날마다 개혁(수리)하여 나가는 것이다. 그러므로 전통적 성경해석을 위한 노력은 계속 이어 나가야 한다. 종교 개혁자의 성경해석 원리 및 방법, 신앙을 따르는 개혁주의(개혁교회) 신학에서 가르치는 성경해석의 절대 원리는 "성경은 성경으로 해석하라!("Interpret the Bible to the Bible!)는 것이다.

마틴 루터(M. Luther)가 종교개혁의 햇불을 들었던 중세시대에는 성경해석의 권한이 교황에게 있었다. 그래서 루터가 '만인 제사장론'과 함께 주장한 것이 바로 "성경은 스스로 자신을 해석한다"는 것이다. 이와 함께 칼빈(J. Calvin)을 필두로 종교개혁자들에 의하면 하나님의 특별계시인 성경 66권은 통일성, 충분성, 명료성 등의 특성을 지니고 있음을 믿는다고 했다. 이는 오직 예수 그리스도를 통한 구원의 역사를 증거하면서 성경은 완전무오(完全無謬)하며 누구에게든지 구원을 얻는 믿음을 공급하기에 충분하다는 것이다.

성경 자체에 성경에 대한 모든 답이 있다. 구약성경은 구원의 약속이라면, 신약성경은 구원의 성취이며, 구약성경은 신약성경을 올바르게 해석하는 배경과 열쇠를 제공한다는 것을 인식하고 확신하는 것이다.

| 부제 : 성경해석학과 일터교회 사역 |

본서는 '키 비브리칼 후기 기독교시대의 성경해석학'-Biblical Interpretation for the Post-Christendom이며, 부제는 '성경 해석학과 일터교회 사역'-Bible interpretation and workplace church ministry이다. 내용으로는, 1장 기독교와 성경, 2장 성경의 영감과 계시, 3장 신약성경의 사본과 언어, 4-5장 신약 정경과 형성과정, 6장 외경 형성과 수집과정, 7~8장 신약성경 현대어 역본, 9~18장에서 10개 이상의 성경해석의 원리를, 그리고 23개의 도표(Table)를 제시하였다. 특히, 성경해석학과 관련된 8가지 주제별 용어로는 성경해석학, 성경해석, 주석, 석의, 주해=주경, 강해와 관련된 것을 소개하며 그에 대한 의미를 의미있게 살펴볼 수 있다.

오늘날 한국교회와 그리스도인 신앙의 문제가 발생하는 근본적인 점은 옳은 성경해석과 신앙에 대한 각성과 모범적 그리스도인 삶의 메뉴얼이 필요한 것 같다. 바울은 구약성경에 예언된 비밀을 예수 그리스도로 보았으며, 실제로 구약성경을 다 예수 그리스도로 종결하는 해석을 했다. 그리고 오직 예수 그리스도의 복음만 전한 모범은 바로 이 시대에 온전한 구원을 위한 영적 매뉴얼로 자리매김했다.

동시에 기독교 십자가 복음이 전파된 지 2천 년이 지난 이 시대에 필요한 때를 따른 양식(복음)은 곧 다시 오시는 복음이다. 성경의 주제를 예수 그리스도의 십자가 복음으로 해석하면서 그리스도께서 다시 임하는 믿음에 근거한 개혁신앙을 전통적인 믿음의 유산인 성경적 말씀 신앙으로 회복해야 할 것이다. 그 일환으로 성경은 성경으로 해석하면서, 예수 그리스도의 복음, 그 말씀으로 교훈을 얻으며, 일터교회와 현장에서 그 사역을 실천하므로 선포하는 복음이어야 한다. 끝으로 본서는 포스트 크리스텐덤 시대에서 전통적 개혁주의적인 성경 신앙을 고수하면서 주님 다시 오시는 그 순간까지 말씀을 옳게 해석한 정갈한 복음을 증거해 가길 바란다.

2024. 11. 28
솔로몬일터교회 김동연 담임목사

하나님의 말씀은 그의 백성으로
거듭나게 하는 절대적 기준이다

서구문화의 신학과 성경적 사상의 흐름은 크게 두 줄기로 나눠지는데 헬레니즘과 헤브라이즘 사상이다. 전자는 자기중심적인 인본주의가 중심에 있다면, 후자는 하나님 중심적인 신본주의를 중심한 구조적인 면에서 확연하게 다르다. 일찍이 초대교회의 공동체 안에서 예수 그리스도의 성경적 중심의 신학과 전통적인 신앙의 형성은 사도를 이어받은 교부들과 St. 어거스틴을 비롯하여 루터와 칼빈을 통해 후대로 전해져 갔다.

그에 따른 성경해석의 교회 전통은 복음적인 역사적 라인과 맥으로 흘러서 성경을 해석해 나갔다. 말틴 루터가 교회(종교)개혁을 발생시킨 후, 존 칼빈이 성경을 중심한 기독교교리를 칼빈의 그 후예들을 통해 말씀해석을 이어 갔던 그 전통을 이어받은 사상에 동의하고 연구한 결과를 학문적 근거로 전수해 갈 것이다. 본서는 개혁교회의 강단에서 하나님 중심, 성경 중심, 그리고 교회 중심의 공동체와 더불어 서구문화 사회의 성경과 신학사상을 전통적으로 이어받아 역사적 토대 위에서 발자취를 남겨 하나님의 교회를 확장해 갈 것이다.

예수 그리스도께서 성육신하신 신약시대와 초대교회 이후 인류사회는 바른 헤브라이즘 문화를 근거로 인간을 새롭게 하는 말씀 교육과 인간을 의롭게 하는 영적인 교훈을 성경에서 추출하여 가르침의 제도를 시행해 왔다. 하나님께서 의롭게 세우신 에덴동산과 같은 의로운 하나님 나라가 아니고 인간의 무도함과 불의로 나타난 세상 나라가 조성된다면, 인간의 그릇됨으로 이 세속적 사회는 혼동과 무질서에 빠지고 범죄가 홍수를 이루게 된다. 그런 의미에서 바르고 옳게, 그리고 온전하게 가르칠 스승이 될만한 가치를 어디서 찾아볼 수 있는가? 그것은 성경말씀의 진리가 거의 유일한 도구가 된다는 전제하에 그 이슈를 생각하지 않을 수 없다.

그동안에도 저자 김동연 박사는 여러 주제의 책을 발행하면서 일터교회의 새로운 영역을 구축해 왔었다. 말하자면 우리에게 생소한 '일터'라는 장소를 교회공동체 현장으로 만들어 사역하고, 신학교에서 강의로 자신의 사명을 나름대로 수행하면서 성경을 기준으로 교육하고 있다. 예수 그리스도께서 3년의 공생애 동안 만나는 사람마다 전 인격적(Hole person)인 인간관을 목적하여 바르고 옳게, 그리고 온전하게 하는 교육을 실천했다. 본서도 이에 대한 기대를 충실하게 수행할 수 있다고 본다. 하나님의 말씀을 옳게 해석하여 그 교훈을 캐서 건강한 하나님의 백성으로 거듭나게 하는데 있어서 본서는 절대적인 표준이 될 수 있음을 확신한다. 성경으로 사람들을 옳은 대로 인도하려는 의도에서 본서를 저술한 저자 김동연 박사를 기쁘게 생각하며 추천하는 바이다.

본서는 성경해석을 어떻게 하는가? 그 출발점과 어디로 리드해 가야 하는가? 그 방향성과 어떠한 공동체를 형성해야 하는가? 집합성 있는 질문을 봐도 본서는 변화된 인격으로 살도록 하는 옳은 성경해석서이다. 성경해석에 관한 개념적인 자료와 성경해석 적용에 관한 전문적인 자료를 엮어서 편집한 그야말로 성경해석서의 종합서라고 할만하다. 나아가서 온전한 하나님 백성이 되도록 이끄는 원천, 성경 말씀에 대해 본서는 세상 나라의 백성을 하나님 백성으로 거듭나게 하고 실천하게 해서 교회와 가정, 사회가 하나님 말씀 기준으로 지극히 확장하기를 염원해 본다.

그러므로 본서를 기쁜 마음으로 강력하게 추천하면서 우리에게 하나님 나라가 더 구체적이고 더 빨리 임했으면 하는 것이다. 본서가 성경 말씀 자체를 연구한 이론과 실제면에서 학문적 가치를 제시하여 완전한 하나님 백성이 속출하기를 바란다.

2024. 11. 28
한국칼빈주의연구원 정성구 박사

목 차

Contents

목 차

도표 리스트

하나님의 아들이신 '성자 예수님'
(The Son of God)이 이 땅에
오심을 '성육신'(Incarnation)
이라고 한다. 죄악 가운데 우리를
구원하러 오셨던 '도성인신'
(道成人神)의 사역을 말한다.
_본서, 제1장 '기독교와 성경에서 발췌

제 1 장

기독교와 성경

Christianity and The Holy Bible

ⅰ. 기독교란 무엇인가?

1. 기독교의 어원

A. '기독교' 어원의 '기독'(基督)

A.1 이 말, 기독교(基督敎)는 그리스어 'Χριστός'(Christos)의 중국어 음역으로서, 현재의 중국어 발음으로는 '지두'이지만 구개음화(口蓋音化)하기 전의 옛 발음은 '기도' 또는 '기독'에 가깝다.[1]

---

1) 중국 청 제국 시대에 만주족이 '기'의 발음을 '지'로 변화시킨 것이 영향을 끼쳐 현재의 발음이 되었다고 하는 시바 료타로(司馬遼太郞)의 언급이 있다.

A.2 기독교를 일컫는 다른 말로는 '그리스도교'가 있다. '크리스트교'는 기독교와 같은 의미이다.

A.3 기독교라는 말은 라틴어 'Christianismus'에서 번역된 말이다. 기독교를 영어로 표현할 때 'Christianity'(크리스챤니티)라고 한다.

B. 종파(교파)-기독교

B.1 기독교는 예수를 구세주-'그리스도'로 고백하는, 예수 그리스도를 믿는 종교의 교파(敎派)를 통틀어 일컫는 말이다.

B.2 기독교인(그리스도인)은 예수가 구약성경에 예언된 구세주(Savior), 곧 온 인류의 죄를 대속(구속, Redemption)한 메시아(Messiah)로서 하나님의 독생자라고 믿는다.

B.3 기독교(基督敎) 또는 그리스도교는 '하나님'(God)이라 불리는 유일신의 아들 '예수'(Jesus)의 가르침을 중심으로 하는 종교이다.

B.4 기독교(그리스도교)의 음역(Christ) : 헬, Χριστου(크리스투)는 '기름 부어진 자' 또 '왕의 직분'을 말한다.

B.5 삼위 하나님(The Lord of the Trinity) 중 한 하나님이신 예수님은 역사적 현장 속에 '예수'로서 이 땅에 오셔서 'Messiah'(מָשִׁיחַ 히,마쉬아흐/Μεσσίας 헬,멧시아스) '기름 부음을 받은 자'라는 의미를 가져다 주시는 하나님이다.

B.6 '예수님'으로서 그리스도의 직분을 지니셨고, 하나님의 아들이신 성자 예수님(The Son of God)은 구약에서 예언되었으며, 하나도 남김없이 신약에서 성취됨으로 그분께서 세상의 인류를 구속(구원)하시는 것이 성부 하나님(The Father of God)의 구원의 섭리이다.

2. 예수 그리스도 성육신

하나님의 아들이신 '성자 예수님'(The Son of God)이 이 땅에 오심을 '성육신'(Incarnation)이라고 한다. 죄악 가운데 우리를 구원하러 오셨던 '도성인신'(道成人神)의 사역을 말한다.[2] 하나님이 이 땅에 직접 오셨기 때문에 우리를 죄 가운데서 심판을 받아야 하는데 거기, 지옥(심판받는 곳)에서 건져주실 수 있는 것을 말한다.

3. 삼위일체를 믿는 교파와 성경

A. 삼위일체를 믿는 교파의 주류(主流)
기독교의 여러 교파들 중 '성부'(the Father of God), '성자'(the Son of God), '성령'(the Hohy Spirit of God)의 '삼위일체'-Trinity의 하나님을 믿는 교파들이 기독교 '주류'(Main Stream)를 이루고 있다.

B. 기독교의 경전(經典)-성경(The Bible)
기독교는 그들이 믿는 공통의 경전인 구약성경에 믿음의 조상 아브라함이 중심 인물 중 하나이고 선택된 공통의 조상이다. 기독교의 교리를 담은 대표적으로 공인되는 고대의 경전으로는 '성경'(the Bible)이 있다. 이 성경을 살아계신 성부 하나님께서 계시로 주신 말씀으로 믿는 것이다.[3]

---

2) 도성인신(道成人身):어떤 법(말씀)이 사람이 되다. 가장 중요한 것은 진리의 말씀이 내 안에 들어와 육신화 되는 것이다. "말씀이 육신이 되어 우리 가운데 거하시매. 우리가 그 영광을 보니 아버지의 독생자의 영광이요 은혜와 진리가 충만하더라"(요1-13).

3) 성경에 대한 용어를 사용할 때 자유주의 진보적인 신학사상을 가진 진영에서는 '성서'(聖書)라고 한다. 그러나 개혁주의적 보수 신학사상을 지닌 진영에서는 '성경'(聖經)이라고 한다. 이 의미는 성경이 성서의 의미로 사용되어서는 안되며, 한갓 하나의 인간의 책이나 사상집으로만 알지 않는다는

ii. 신학은 무엇인가?

1. 신학의 어원

A. 신학의 어원 유래
신학은 'theologia'(헬, θεολογια 데올로기아)에서 유래하였다.4)

B. 신학의 영어 표현은 'theology(데올라지)라고 한다.

2. 신학의 의미

A. theologia는 두 단어가 합쳐진 의미로서 분석할 수 있다.
theo+logia=theo-θεός(theos)=하나님을 말한다. λογια(logia)-logic(논리)=말씀(인간의 이해의 차원)을 말한다.5)

B. 신학
신학은 인간 편에서 하나님에 대하여 인간의 논리(論理)로 지식적인

의미이다. 더욱 성경이라함은 하나님 계시의 말씀을 받아 기록된 살아있는 말씀으로 믿는다는 의미를 내포한다.

4) *New Dictionary of Theology*, IVP-USA, 1988, pp.611-613.
θεολογος는 '하나님께 대한 것을 말하다'의 뜻이다. θεολογια의 λογια는 소집, 모금의 뜻으로서 하나님께 대한 것을 모으는 뜻을 말한다. ＊ 아타나시우스는 이 단어의 뜻에 대하여 하나님께서 세상을 대하는 방식에 대한 지식과 하나님 본체에 관한 지식에 적용하기 위해 알아가는 학문이라 했다. ＊ 어거스틴 같은 고대 교부는 '신성한 가르침에 국한 한다'고 했다. ＊ 초대 신앙공동체는 '하나님께 관한 가르침과 하나님께 관한 지식(즉 이해와 경험)을 바탕으로 모든 학문을 포괄한 것'으로 알았다.

5) Dr. John Mckenna, Handout for Lecture, *The People of God*, Azusa Pacific University Campus, 1999. 10. 5, (For study Theology).
θεολογια의 단어는 '하나님'과 '모음'이 합성된 단어로 표시되고 있다. 이중 λογια는 λογιον의 원형인 [하나님의 말씀, 전달]에서 온 것이다. 그러므로 자연히 '하나님'과 '논리적'인 합성의 뜻을 지니고 있다고 하겠다.

차원으로 알아가는 것을 의미한다. 이 뜻은 신(神)들에 관한 지식으로서 신(God)에 관한 강론이라는 말이다. 강론은 이해를 필요로 하는 방편으로서 그에 대한 해석과 주를 요구하는 것이다. 그러므로 신학은 하나님 계시의 말씀을 기본으로 하여 논리적, 지식적인 방편을 사용하여 그 의미를 이해하고 깨달아 재해석하여 증거하는 학문이라고 할 수 있다.

<Table-1>   **신학의 의미**

신학은 신들에 관한 지식으로서 신에 관한 강론을 말한다

C. '하나님이 존재함'을 전제함
신학은 '하나님이 존재한다는 것을 전제로 하는 것'이며, 이 의미는 창조 전부터, 세상이 창조되기 전, 하나님께서 존재하심(Before God's creation exists)을 의미하며, 하나님은 이미 존재하여 계셨다(God has already existed)는 것을 전제(前提)로 하여 그를 믿는 것이다.

D. '하나님의 나라'에 대한 질문에서 시작
'하나님의 나라'(The Kingdom of God)와 '하나님은 어떤 분이신가?'(What is God existence?)하는 것에 대한 믿음을 가지려고 하는 질문에서부터 시작한다.

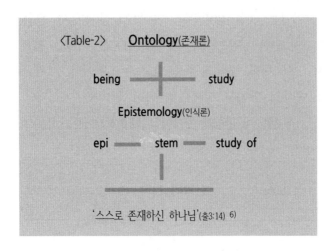

iii. 성경신학에 대하여

1. 구속적 계시의 점진적 발전 연구 분야

A. 본서의 연구 주제는 '성경 해석학'이다.

성경 해석학은 성경신학의 근간에서 출발하고 연구하면서 그 원리에 의하여 본서의 주제를 충분하게 풀어나가야 할 것이다. 성경 해석학은 성경신학과 뗄레야 뗄 수 없는 학문으로서, 이에 대한 본질적인 설명은 차츰 밝혀 나가기로 한다.

B. 성경신학의 시작

'성경신학'(聖經神學, Biblicaltheology)은 또 따른 이름 '성서신학'(聖書神學)으로 불리고 있다. 이 역시 역사적 관점에서 조명해야 하며, 이

---

6) Dr. John Mckenna, Handout for Lecture, *Christian ethics*, Azusa Pacific University Campus, 2000. 4. 6, (For).

분야에 대하여 관심을 불러일으킨 시기는 종교개혁 이후로서, 성경의 교리적인 접근보다는 구속계시의 점진적인 발전을 연구하는 분야라 할 수 있다. 게블러(J. P. Gabler)에 의해 교의신학에서 독자적 신학 분야로 처음 분리된 이래, 이 성경신학은 근대에 프린스턴신학교의 게할더스 보스(Geerhardus Vos)와 같은 신학자들에 의해 크게 발전하였다.[7]고 보는 견해에 동의한다.

2. 성경 자체의 신학내용을 연구하는 학문

성경신학은 성경 자체가 가진 신학내용을 연구하려는 학문이다. 조직신학(組織神學)이나 교의학(教義學)의 보조적 역할을 하는 데 지나지 않았던 성경신학이, 성경의 문학적 연구라는 기치 아래, 근대적 학문으로서 출발한 것은 19세기 이후의 일이다. 그동안 성경 자체의 역사적 연구는 '교의학'(dogmatic theology)이라는 두꺼운 벽에 가로막혀 왔었던 것이 현실이다.

3. 성경 속 신학적 진리와 계시 발굴의 책무 지님

성경신학은 성경 속에 있는 신학적 진리와 계시를 발굴하는 것을 그 책무로 하고 있다. 또한, 성경신학은 가능한 한 성경의 질서와 구조를 보존하는 것을 그 임무로 한다. 이런 맥락에서, 성경신학은 종합적이고 논리적인 방식으로 제목별 배열을 위해 성경적 형식에 구애받지 않는 조직신학과는 구별되며, 성경 전체를 과정이나 배경을 중

---

7) J.I. 패커 외 이길상 외 번역, 아가페 IVP 신학사전, 서울: 아가페출판사, pp.505-506.

심으로 연구하는 구약신학이나 신약신학과도 구별된다. 성경신학은 성경을 성경대로 정직하게 보기 위한 학문 분야라고 한다.[8]

iv. 구약신학과 성경신학의 관계

1. 구약신학 발생과 발전

A. 구약신학의 근간-신학적 해석

신학이란 결국 '신'(神)에 대한 진술(陳述)과 담론(談論)을 바탕으로 하고 있기에, 하나님의 직접적인 계시로 고백되는 성경에 대한 신학적 해석은 기독교에 있어서 근간(根幹)이며 시금석과 같다고 할 수 있다.

B. '구약신학'(舊約神學, Old Testament theology)

'구약신학'은 구약성경을 자료로 해서 구약에 나타나는 진리와 가르침 곧 구약성경이 제공하는 근본 메시지를 연구하는 학문을 말한다.[9] 좀 더 구약성경 안으로 들어가면 거기엔 창조, 백성, 율법, 인간 삶, 왕조, 하나님 섭리, 기적, 사건 등이 파노라마처럼 장엄하게 펼쳐진다. 구약신학은 이에 대한 주제와 교훈을 진리화(truthization)하기 위해 학문적인 활동을 하는 것이다.

2. 교의학에서 성경신학 용어 사용과 분리

'개신교의 성경 원리인 '오직 성경으로!'(sola scripture!)는 "성경이 성경을 해석한다"(sui insius interpres)는 원리와 함께 후대의 성경신학의

---

8) terms.naver.com›list.nhn/성경신학.
9) terms.naver.com›list.nhn/구약신학.

발전의 원천이 되었다.10) 성경신학은 구약신학과 신약신학의 근간이
되므로 성경신학을 떠나서는 구약신학을 말할 수 없다.

A. '성경신학' 용어 사용

그동안 성경신학이 조직신학(systematic theology)이라는 장르에 머물거
나 시녁역할에서 벗어나게 되었다. 종교개혁으로부터 약 100년이 흐
른 후 '성경신학'(biblical theology)이란 용어가 처음으로 크리스만(W.J.
Christmann)이 '독일 성경신학'의 그의 저술 중에 사용했다.11)

B. 조직신학에서 성경신학을 분리

성경신학을 조직신학(교의학)으로부터 분리하는데 중요한 역할을 한
신학자는, 자카리애(G.T. Zachariae, 1729-1777)이다. 그는 네 권의 성경
신학에 관한 저술에서 나타난 대로 조직신학과 해석학에 새로운 학
풍의 영향을 받았다. 그는 성경의 영감을 믿고 있었다.12)

C. '주경신학'을 '성경신학'으로 확립

이전에 주경신학(theologia exegetica)으로 부르던 것을 '성경신학'에
적용한 학자는 개신교 정통의 중요한 대표자 중 한사람, 칼로비우스
(A. Calovius)이며, 그에 의하여 성경신학의 용어가 확립되었다.13)
종교개혁으로 태동 된 독일 경건주의는14) 성경신학이야 말로 메마

---

10) 게하르드 하젤, 구약신학: 현대논쟁의 기본 이슈들, 김정우 역, 서울: 도서출판 엠마오, 1993,
   pp.21-22.
11) W.J. Christmann, *Teutsche Biblische Theologie*, Kempten, 1692., 게하르드 하젤, 같은 책,
   p.23.
12) 자카리애(G.T. Zachariae, 1729-1777)
13) A. Calovius, *Systema locorumtheologicorum 1.*, Withenbergae, 1655.
14) 독일 경건주의 운동을 일으킨 대표적인 사람은 스페너였으며, 그는 성경신학은 개신교의 스콜라

른 기독교 정통주의를 불러왔다고 하여 성경신학의 학문적인 활동과
분리에 대한 극심한 반발을 한 것은 사실이다.

3. 구약신학을 성경신학에서 별도 분리, 학문 제시

A. 성경신학을 학문 분야로 제시

한편 계몽주의 시대(1700-1800)가 도래하면서 인간 이성은 지식의 최
종적인 기준이요 궁극적인 원천으로 가치를 세워버렸다. 그 결과 하
나님의 계시, 성경말씀을 무오하게 기록되었다는 성경무오성을 부인
하므로 상경의 권위는 무너지는 결과로 기독교에 다가왔다. 그러나
구약신학(구약학)에 대하여 새로운 신학의 영향을 받은 개블러가
1787년 성경신학을 조직신학에서 별도로 분리하여 하나의 학문으로
제시하였다.15)

B. 구약신학과 신약신학을 분리

1796년도에는 게오르크 로렌츠 바우어(Georg Lorenz Bauer)가 성서신
학 최초로 구약신학과 신약신학의 분리를 시도하였다.16)

C. 성경신학에서 구약신학을 독립적인 분야로 발전

개블러와 카이저는 성경신학(구약과 신약)의 두 성경 사이의 관계 문
제를 제기하고 발전을 모색하면서 주변 사람들로부터 뜨거운 지지를

주의라고 반대했다.
15) 게하르드 하쩰, 같은 책, pp.27-28.
　　그 당시 계몽주의의 영향은 절대적이고 획기적인 학문 운동으로서 기독교의 신율주의에 반하는
　　인본주의에 압도당하는 분위기 였다.
16) 게하르드 하쩰, 같은 책, pp.29-30.

받았다. 오늘날 이에 대한 문제가 제기되기는 하지만, 그런 가운데 성경신학과 구약신학을 독립적인 분야를 세우고 발전시킨 학자들을 말하고 있다.17)

D. 분리 주장지지

1813년에는 카이저가 '성경신학'(Die Biblische Theologie)이라는 저서에서 구약신학과 신약신학의 분리를 주장한 가블러와 바우어의 주장을 지지하였다.

4. 구약신학 호칭 사용과 그 이해

A. 구약신학 용어 호칭 사용

1886년 카이저 외 4인, 슐츠, 피펜브링, 데이빗슨, 스타테가 '구약신학' 이라는 호칭을 처음 사용했으며, 스멘드(R. Smend, 1893)가 구약신학의 용어를 정확하게 전달하며 사용했다.18)

B. 구약신학을 이해하는 입장의 두 학파

B.1 종교사적 학파의 입장 이해

카이저는 구약신학을 분석하면서 구약 당시의 고대 종교와 신화적 저술 성향이나 유사성 등을 토대로 구약성서를 하나의 종교사적 입장으로 이해하였다. 종교사적 이해는 성경신학 등 구약신학을 성경의 입장으로 보지 않는 사상으로 발전될 위험이 있다.

---

17) 게하르드 하젤, 같은 책, p.30.
18) 게하르드 하젤, 같은 책, p.36-37.

B.2 구원사적 학파의 입장 이해

성경신학과 구약신학을 성경적이 입장에서 떠나지 않고 성경은 무오하다는 하나님 중심의 사상이다. 이 학파를 중심으로 성경에 대한 가장 오래된 신학적 성찰을 토대로 작성된 구약학은 기독교로 하여금 구약학을 자신들의 정경의 일부로 받아들였다. 아울러 구약신학의 내용들을 기독교적인 관점에서 해석하고 이를 선교하고 교세를 확장하는데 활용하였다.

5. 구약신학과 기독교 신학과의 관계성 정립

구약신학은 기독교 신학적인 관련성과 연관되어 있으며, 신약신학까지 포괄적으로 그 특성들을 다소 공유하고 있다고 말한다. 또 신학적인 정수(精髓)는 토마스 아퀴나스가 말한 것처럼, "신학은 하나님에 의해 가르쳐지는 것이고 하나님에 관해 가르치는 것이며 하나님께로 이끄는 것이다"라는[19] 것을 구약신학이 증거하고 있는 듯 하다.

A. 역사적 현장에서 발생 된 말씀

성경의 본문에 계시 된 내용은 실체적으로 이미 과거에 완성된 것으로 보고 있다.

B. 이스라엘 역사와 예수의 관계-구약신학 특징

이스라엘의 역사와 예수 그리스도 간에 상호 연관성이 명확하게 규명되지는 않았지만 암묵적으로 양자 간의 관계는 구약신학의 특징으

---

19) http://jinzzabegi.com/?p=4405

로 자리 잡고 있다.

C. 구약성경의 내용 원용

기독교적인 입장을 확증하기 위하여 구약의 내용들 중 특정한 부분들을 다양한 해석방법을 동원하여 핵심적 내용으로 원용(援用)하고 있다는 것을 말하고 있다.

D. 구약의 내용을 신학적 관점으로 연구

구약에 등장하는 내용은 하나님의 율례와 규례에 대한 이스라엘의 응답을 신학적 해석을 통해 보여주고 있다. 특히 구약 중 시편의 내용들과 다니엘, 호세아, 요엘, 아모스 등 선지자들의 예언들에 대하여 전승(傳承)된 사실들을 신학적 관점에서 새롭게 기술하고 있다.

E. 창세기의 연구는 최초의 인가, 역사 등 결과

구약 중 창세기에서 말하고자 하는 핵심은 하나님이라는 절대적 존재에 대한 깨우침과 또 하나님과 관계한 최초의 민족은 이스라엘이라는 것을 강조하는데 있다. 창세기에 등장하는 열두 지파의 족장 이야기는 하나님과 이스라엘 민족 간의 신실한 관계를 나타냄으로써 이스라엘 민족이 하나님으로부터 선택된 민족임을 적극적으로 표현하고 있다.

v. 신약신학에 대하여

1. 신약신학 학문 발생

A. 신약신학의 발생-헬라어와 신약의 배경

'신약신학'(New Testament theology)이라는 학문은 신학 내에서 인정된 학과로서 아주 최근에 발생한 학문이다.[20] 신약신학은 신약성경의 원어인 헬라어와 신약성경의 배경이 된 역사를 기초로 출발한다. 그리고 신약성경 전반에 걸친 개괄적인 지식 및 개론적인 연구를 통해 신약성경의 해석의 방법론을 마련하고 이 해석의 방법론을 바탕으로 신약 주석의 실제 작업을 행한다. 그 후에 신약신학의 주제에 대한 물음의 단계에 도달하게 되는데 이러한 물음의 단계가 신약신학의 도달점이다.

B. 계몽주의, 인본주의에 자극으로 발전

성경신학 혹은 신약신학은 전통적이며 계시적 근거에 기초한 조직신학과 신약학과 언어 · 역사에 근거한 역사적 신학으로 구별할 수 있다. 이에 의해 신앙적 · 신학적 예수와 역사적 예수가 신약학에서 주요 논점이 되고 있으며 동시에 주요 핵심 연구대상이 되고 있다. 신약신학은 19세기 초에 계몽주의(Enlightenment)로 성경연구에 반(反)하는 신본주의에서 탈피하게 되면서 인본주의가 [21] 성경 연구에 끼친 영향의 결과로 발전하게 되었다.

---

20) *New Dictionary of Theology*, 같은 책, pp.627-629.
21) 계몽주의[啓蒙主義]: 지식수준이 낮거나 의식이 덜 깬 사람들을 깨우쳐 인류의 보편적 진보를 꾀하려 한 이념을 말한다. 17세기 후반에 시작되어 18세기 프랑스에서 전성기를 이루었으며, 프랑스 혁명의 사상적 배경이 되기도 하였다. 계몽주의 사상가들은 전통 기독교를 대단히 적대시하는 종교적 사고를 지니고 있었다. 그들은 이성의 표준을 추구했고 교의적인 표준을 배격했음을 말한다. 철저한 인본주의(人本主義)라고 말할 수 있다.

2. 신약신학의 위치를 찾아감

C. 조직신학 속에서 스스로 위치를 찾아감

C.1 성경 속의 다양한 교리를 지지하면서 그 세를 넓힘

이보다 일찍 '성경신학'(Biblical Theology)은 교회에서 사용하는 성경 속의 다양한 교리(doctrine)와 교훈을 지지하는, 성경 구절을 조직신학(교의학)을 위해 뒷받침해주는 차상(次上)의 역할만을 하고 있었다. 그러나 거기에 머물고 안주하기는 했지만, 결국 17세기 기독교(개신교) 신학에서 스스로 성경신학의 위치를 굳혀가면서 신약신학이 시작되었다.[22]

C.2 신약신학 기반 위에서 조감하는 특질 지님

신약신학은 신약의 물음에 대하여 신약의 주석의 결과들을 모으고 신약신학 전체 체계의 기반 위에서 조감하는 방법론적 특질을 가진다. 이러한 신약신학의 방법론을 통하여 예수가 공생애를 통하여 선포한 내용의 중심적 내용과 그리스도의 수난과 부활을 통하여 나타난 초대교회의 신앙 생성과정을 연구하고 바울 신학과 요한 신학을 신학적 물음을 통해 정리해가는 위치를 갖는다.[23]

D. 중세의 신약신학의 발전 요인의 잠재력

D.1 신약에 전통적 해석에 반기를 든 종교 개혁자들

---

22) *New Dictionary of Theology*, 같은 책, pp. 619-621.
   교회의 신학과 생활에 위배되는 교의적 형식에서 사색적, 철학적인 이질적 요소를 제거하기 위해서 교회의 신학과 생활을 새롭게 하려고 했던 경건주의에서 발생했다.
23) 학문명백과, 인문학: 구약 및 신약학(Old Testament Theology & New Testament Theology].

중세 성경신학의 발전은 구약과 마찬가지로 신약을 전통적으로 해석하는 것에 반기(反旗)를 든 종교개혁자들에 의해서 시작되었다. 종교개혁자들은 "성경으로 성경을 해석한다"라는 원리를 통해 성경을 전통적인 관점이 아닌 새로운 관점에서 해석하고자 시도하였다.

D.2 개신교의 스콜라라는 반대에도 스스로 잠재력 키움
이들 종교개혁자 중 대표적인 학자가 마르틴 루터(Martin Luther, 1483~1546)이며, 마틴 루터는 그리스도를 참되게 나타내는 것이 성경이며, 그 결과 율법과 복음은 구분이 되어야 한다고 주장하였다. 성경신학, 신약신학이 개신교의 스콜라주의를 낳게 된다고 반대했다. 그럼에도 불구하고 그 안에서 스스로 신약신학은 발전하며 잠재력을 키워가면서 성경신학의 한 부류로 탄생하게 되었다.

E. 신약(성경)신학을 윤리규범서로 전락시킴
중세 시대 가톨릭교회는 성경을 하나의 윤리규범서로 판단했다. 그에 따라서 성경은 그들에 의하여 보통 이하의 위치로 하락되면서 기독교의 존립 근거를 하나님 말씀인 성경이 아닌, 교회의 전통과 교리에 두게 되었다. 종교개혁자들은 가톨릭교회의 이러한 논리를 부정하고 기독교의 근거를 성경, 그 자체라고 주장하면서 종교개혁을 이끌었다. 이러한 종교개혁자들의 논리는 성경은 단지 교리 텍스트로만 인식했다는 비판을 받기도 했다.

3. 신약신학의 발전

A. 새로운 논리의 재배열로 성경을 체계화함
어찌 되었든 종교개혁자들은 성경을 기술함에 있어 로마서의 내용을

토대로 재배열하거나 존 칼빈(Jean Calvin, 1509~1564)처럼 새로운 논리로 성경을 체계화하는 시도를 감행했다. 이는 향후 기독교의 강요(institutio christianas religionis)로 제시되기도 했다.

B. 칼빈의 시도는 교리에서 벗어나는 결과 초래

칼빈의 이런 노력에도 불구하고 그 역시 성경을 해석하는 데는 교리의 관점을 벗어나지 못했다는 비판을 면치 못했다. 이로 인해 종교개혁자들이 추진해왔던 종교개혁의 성과는 한 세기도 지속되지 못했다. 한편, 종교개혁자들의 시도는 성경신학을 교리학에서 벗어난 하나의 학문으로 독립시키는데[24] 그 잠재력을 발휘하게 되었다.

C. 독일 경건주의 영향으로 학문적 자리 잡음

성경 신학은 초기 개신교에서 전통 신학을 해석하기 위한 보조적 수단에 불과했으나 '성경으로 돌아가자!'는 독일 경건주의의 영향으로 독립적인 학문으로 자리를 잡았다. 이들은 성경신학을 활용해 정통주의 교리체계의 불합리성을 비판하여 교리학과 대비되는 하나의 학문으로 성장하게 되었다.

vi. 성경-Holy Bible

1. 성경은 무엇인가?

A. 하나님의 요구-선언과 지시의 총계

---

24) 게하르드 하젤, 구약신학: 현대논쟁의 기본 이슈들, 김정우 역, 서울: 도서출판 엠마오, 1993, 23-25.

성경은 하나님께서 인간인 우리에게 당신의 뜻을 따라서 살라고 요구하시는 '선언'(proclaim)과 '지시'(indication)의 총계를 말한다.

B. 세상을 운영하기 위한 지침서

성경이란 우주의 창조자(創造者, Creator)가 이 세상을 창조하시며 이 세상을 운영하시기 위한 섭리자(Providencer)로서 필요한 모든 제반 사항을 계시의 방법을 통해서 전달한 지침서이다.

C. 하나님 자신에 대한 증거하는 문헌

'Scripture'(스크립쳐)는 하나님이 자신에 대해 증거한 것으로 받아들이는 특정한 문헌을 가리키는 말이다.[25] 교회 공동체에서는 이 용어를 성경으로 병행하여 사용하기도 한다.

2. 성경(The Bible)의 의미

A. 성경(The Bible) 용어 유래

A.1 'Bible'(바이블)은 비블리온, 즉 '책'에서 온 말이다. 이 뜻은 '작은 책', '두루마리'라는 의미를 담고 있다.[26] 영어로는 Paper-'페이퍼', 라틴어로는 Papyrus-'파피루스'라고 사용된다.

A.2 또 다른 이름인 'byblos'(비블로스)에서 Biblion이란 용어가 나왔다. 비블로스sms '종이'를 뜻하는 papyrus(파피루스)에서 온 말이다.

---

25) 교회가 하나님의 가르침, 즉 자신과 활동과 뜻 방법, 인류가 하나님을 예배해야 하는 법에 관한 것을 기록한 문서를 말하는 것이다.

26) 비블로스는 '종이를 뜻하는 papyrus에서 온 말'보다 더 협의적 부분을 뜻한다. Bible이란, 원래 이집트의 삼각주 습지에서 자라는 '갈대'-파피루스라는 식물의 명칭을 말한다(출2:3, 욥8:11).

성경적 세계관의 틀과 문화를 도구로
다음 세대를 세우는 **토론식 성경공부 교재**

삶이 있는 신앙 _{시리즈}

정치
경제
사회
문화
미디어
대중매체

BIBLE

국민일보
CHRISTIAN EDU BRAND AWARD
기독교 교육 브랜드 대상

추천

전광식 고신대학교 전 총장
신국원 총신대학교 명예교수
홍민기 브리지임팩트사역원 이사장

우리가 만든 주일학교 교재는 성경적 세계관의 틀과 문화를 도구로 합니다.

왜 '성경적 세계관의 틀'인가?

진리가 하나의 견해로 전락한 시대에, 진리의 관점에서 세상의 견해를 분별하기 위해서

◇ 성경적 세계관의 틀은 성경적 시각으로 우리의 삶을 보게 만드는 원리입니다.

◇ 이 교재는 성경적 세계관의 틀로 현상을 보는 시각을 길러줍니다.

왜 '문화를 도구'로 하는가?

어린이, 청소년, 청년들의 삶에 가장 큰 영향을 끼치는 것이 문화이기 때문에

◇ 문화를 도구로 하는 이유는 우리의 자녀들이 문화 현상 속에 젖어 살고, 그 문화의 기초가 되는 사상(이론)을 자신도 모르게 이미 받아들이고 있기 때문입니다.

◇ 공부하는 학생들의 삶의 현장으로 들어갑니다(이원론 극복).

✦ 다른 세대가 아닌 다음 세대 양육

자기 생각에 옳은 대로 하는 포스트모던적인 사고의 틀을 벗어나, 하나님의 말씀에 기초해서 생각하고 행동하는 성경적 세계관(창조, 타락, 구속)의 틀로 시대를 읽고 살아가는 "믿음의 다음 세대"를 세울 구체적인 지침서!

✦ 가정에서 실질적인 쉐마 교육 가능

각 부서별(유년, 초등, 중등, 고등)의 눈높이에 맞게 집필하면서 모든 부서가 "동일한 주제의 다른 본문"으로 공부하도록 함으로써, 가정에서 부모와 자녀가 함께 성경에 대한 유대인들의 학습법인 하브루타식의 토론이 가능!

✦ 원하는 주제에 따라서 권별로 주제별 성경공부 가능

성경말씀, 조직신학, 예수님의 생애, 제자도 등등

✦ 3년 교육 주기로 성경과 교리에 대한 기본적인 이해가 가능하도록 구성(삶이 있는 신앙)

- 1년차 : 성경말씀의 관점으로 본 창조 / 타락 / 구속
- 2년차 : 구속사의 관점으로 본 창조 / 타락 / 구속
- 3년차 : 하나님 나라의 관점으로 본 창조 / 타락 / 구속

"토론식 공과는 교사용과 학생용이 동일합니다!" (교사 자료는 "삶이있는신앙" 홈페이지에 있습니다)

1 목적
부지불식간(不知不識間)에 대중문화와 또래문화에 오염된 어린이들의 생각을 공과교육을 통해서 성경적 세계관으로 전환시킨다. 이를 위해 현실 세계를 분명하게 직시함과 동시에 그 현실을 믿음(성경적 세계관)으로 바라보며, 말씀의 빛을 따라 살아가도록 지도한다(이원론 극복).

2 구성
쉐 마 분명한 성경적 원리의 전달을 위해서 본문 주해를 비롯한 성경의 핵심 원리를 제공한다(씨앗심기, 열매맺기, 외울말씀).

문 화 지금까지 단순하게 성경적 지식 제공을 중심으로 한 주일학교 교육의 결과 중 하나가 신앙과 삶의 분리, 즉 주일의 삶과 월요일에서 토요일의 삶이 다른 이원론(二元論)이다. 우리 교재는 학생들의 삶 속에서 일어나는 문화를 토론의 주제로 삼아서 신앙과 삶의 하나 됨(일상성의 영성)을 적극적으로 시도한다(터다지기, 꽃피우기, HOT 토론).

세계관 오늘날 자기중심적인 시대정신에 노출된 학생들의 생각과 삶의 방식을 성경적 세계관을 토대로 바라보게 함으로써, 자신을 돌아보고 삶에 적용하는 것을 돕는다.

3 설교
학생들이 공과의 내용을 잘 이해하고, 공과 공부 시간을 풍성하게 하기 위해서, 부서 사역자가 매주 '동일한 주제의 다른 본문'으로 설교를 한 후에 공과를 진행한다.

권별	부서별	공과 제목	비고
시리즈 1권 (입문서)	유·초등부 공용	성경적으로 세계관을 세우기	신간 교재 발행!
	중·고등부 공용	성경적 세계관 세우기	
시리즈 2권	유년부	예수님 손잡고 말씀나라 여행	주기별 기존 공과 1년차-1/2분기
	초등부	예수님 걸음따라 말씀대로 살기	
	중등부	말씀과 톡(Talk)	
	고등부	말씀 팔로우	
시리즈 3권	유년부	예수님과 함께하는 제자나라 여행	주기별 기존 공과 1년차-3/4분기
	초등부	제자 STORY	
	중등부	나는 예수님 라인(Line)	
	고등부	Follow Me	
시리즈 4권	유년부	구속 어드벤처	주기별 기존 공과 2년차-1/2분기
	초등부	응답하라 9191	
	중등부	성경 속 구속 Lineup	
	고등부	하나님의 Saving Road	
시리즈 5권	유년부	하나님 백성 만들기	주기별 기존 공과 2년차-3/4분기
	초등부	신나고 놀라운 구원의 약속	
	중등부	THE BIG CHOICE	
	고등부	희망 로드 Road for Hope	
시리즈 6권	유년부		2024년 12월 발행 예정!
	초등부		
	중등부		
	고등부		

- 『삶이있는신앙시리즈』는 "입문서"인 1권을 먼저 공부하고 "성경적 세계관"을 정립합니다.
- 토론식 공과는 순서와 상관없이 관심있는 교재를 선택하여 6개월씩 성경공부를 할 수 있습니다.

성경적 세계관의 틀과 문화를 도구로 다음 세대를 세우고,
스토리story가 있는, 하브루타chavruta 학습법의 **토론식 성경공부 교재**

성경적 시각으로 포스트모던시대를 살아갈 힘을 주는
새로운 교회 / 주일학교 교재!

삶이 있는 신앙 시리즈

국민일보◎
CHRISTIAN EDU BRAND AWARD
기독교 교육 브랜드 대상

토론식 공과(12년간 커리큘럼) 전22종 발행!

기독교 세계관적 성경공부 교재 고신대학교 전 총장 **전광식**
신앙과 삶의 일치를 추구하는 토론식 공과 성산교회 담임목사 **이재섭**
다음세대가 하나님 말씀의 진리에 풍성히 거할 수 있게 될 것을 확신 총신대학교 명예교수 **신국원**
한국교회 주일학교 상황에 꼭 필요한 교재 브리지임팩트사역원 이사장 **홍민기**

소비 문화에 물든 *십대들*의 *세속적 세계관*을
바로잡는 눈높이 토론이 *시작된다!*

발행처 : 도서출판 **삶이 있는 신앙**
공급처 : 솔라피데출판유통 / 주소 : 경기도 파주시 문발로 123 솔라피데하우스
주문 및 문의 / 전화 : 031-992-8691 팩스 : 031-955-4433
홈페이지 : www.faithwithlife.com

B. 성경(The Bible)의 개념

B.1 'Byblos'라는 이름으로 불려지게 된 것은 시리아(Syria)[27] 항구로부터 많은 양의 비블로스가 수송됐기 때문에 그 이름이 붙여지게 되었고 이후 사용된 것이다.

B.2 'Holy'(거룩)는 ἅγιος(헬, 하기오스), '거룩'이라는 말이다.

B.3 근본 개념은 탈퇴(withdrawal), 헌신(consecration)의 의미를 갖고 있으며, 일반적인 세속적으로나 부정한 것으로부터 탈퇴하여 신성(神聖)하고 성(聖)스러운 것에 대한 헌신의 뜻을 담고 있다.

vii. 하나님 권위와 정경의 개론

1. 요지부동(搖之不動)의 하나님의 권위

A. 성경으로서 요지부동(搖之不動)의 하나님의 권위이다.

성경은 그 어떤 사상이나 이념, 논리로 축소, 개정, 가감(加減)할 수 없는, 움직일 수 없는 근원을 가지고 있다. 그래서 성경은 '규범적인'(canonical) 것이라고 말한다. 규범적인 책들을 책임 있게 부여한 것을 '정경'(canon)[28]이라고 한다. 정경의 권한은 책임이 있는 하나님

---

27) 수리아 안디옥(Antioch of Syria).
　셀류쿠스 1세에 의해 B.C. 300년경 건설된 수리아의 수도. 셀류쿠스 1세가 건설한 16개의 안디옥 가운데 가장 크고 번성했던 곳이다. 지정학적으로 여러 문물과 인종들이 왕래했던 관계로 인해 고대부터 상업이 발전하고 타문화권에 대한 개방적인 분위기를 형성하고 있었다. 헬라에 이어 B.C. 65년경에 이곳을 정복한 로마는 안디옥을 제국 내에서 세 번째로 큰 도시(로마와 알렉산드리아 다음)로 확장 발전시켰다[네이버지식백과-라이프성경사전].

28) 정경에 대하여 일반적인 개념에서 다음과 같이 설명하고 있다. 'canon'은 첫째, 교회법의 일반적인 법규; 법규집을 말하기도 한다/ 둘째, 규범과 표준(criterion)을 말한다/ 셋째, 외전(外典)에 대한 정전(正典)을 말하며, 진짜 작품(목록)을 말한다/ 넷째, 성인록(聖人錄)과/ 다섯째, 카논, 전칙

의 권위까지 이어진다는 것을 말하고 있다.

B. Canon(정경)은 표준, 근본적 원리를 기록한 목록을 말한다.

B.1 Canon은 '~의 표준, 근본적 원리를 기록한 책의 목록이란 뜻이다. 캐논은 하나님 계시, 그의 약속, 그의 구속 등이 낱낱이 기록되어 있는 이에 대한 근복적인 원리를 기록한 책을 말한다.

B.2 그 어떤 것이든 기준이 된다는 것을 뜻하므로 우리의 삶의 척도가 되는 것을 지칭한다(It refers to being a measure of our lives).

C. 이에 대한 또 다른 뜻은 '정경'(正經)을 말한다.

C.1 여기의 經(경)은 '곧은 막대'의(a straight rod) 뜻을 지니고 있다. 한편 곧은 막대는 어떤 표준에 대한 것이나 조건 등을 올곧다는 본래의 뜻을 의미하고 있다.

C.2 갈대를 뜻하는 '칸나'(Khan-Na)에서 나온 말이다. 당시 상용적으로나 생활면에서 곧은 막대는 어떤, 무엇을 재는 척도(尺度), 도구로 사용하는 잣대, 그 자체였다.

2. 정경의 개론적29) 의미

개론'(槪論)이라는 단어는 내용을 대강 추려서 논설하는 것과 또는

곡(典則曲)을 말하며/ 여섯째. 캐넌 활자(48포인트의 큰 활자)를 가리킨다/ 일곱째. 카톨릭에서 미사 전문(典文, cannon)을 의미한다.
29) '개론'(槪論): 내용을 대강 추려서 논설함, 그 논설을 담고 있음. 주로 법학적인 용어로 많이 사용하고 있다.

그 논설을 담고 있다는 의미가 있다. 영어 표현으로는 개론은 'Introduction'(인트로덕션)으로 사용하고 있다. 이는 '데려오고', '안내한다'는 뜻이 있다. 어떤 주제에 대하여 지식으로 이끄는 수단으로 특별히 어떤 특수한 제목의 연구를 쉽게 만들기 위한 재료에 관계되어 있다는 말이다.

3. Testament(유언)[30]

A. Testament

'디아데케'[δια(디아,~통하여)+θήκη(데케, 계약 언약)]는 언약 관계를 뜻하는 말로 이해할 수 있다. 또 '유언'(遺言, Will and testament)의 의미가 담겨 있으며, 이런 의미로 사용되었다.

A.1 구약성경-Old Testament-(舊約聖經, 히브리어: הברית הישנה, 영어: Old Testament, OT) 또는 구약성서(舊約聖書)는 예수 그리스도를 예언한 경전으로 '히브리성경'(Hebrew Bible)을 기독교경전의 관점에서 가리키는 말이다.[31]

A.2 신약성경-New Testament 영원한 생명을 주신 예수님을 통하여 이루어진 새 언약을 말한다.[32]

---

30) 'téstəmənt'는 다음 몇 가지의 의미로 사용되고 있다.
　　첫째, 유언(장), 유서의 의미가 있어서 성경을 가리킬 때 사용한다/ 둘째, 신(神)과 사람과의 계약, 성약(成約)의 의미가 있다/ 셋째, the Testament는 [성경: 구약성경-Old Testament, 신약성경-New Testament]을 구성하고 있다/ 넷째, 사실·정당성 등을 입증하는 증거로서 쓰도 있다/ 다섯째, 신앙(신조)의 표명이나 고백을 말하고 있다.
31) https://search.naver.com/search.naver?where=nexearch&sm
32) 고린도전서 11:25, "이 잔은 내 피로 세운 새 언약이니…".

B. 이 뜻은 언약(Coνenant(בְּרִית 히, 베리트)을 의미한다.

B.1 예수님이 피 흘리심으로 세우신 언약은 하나님과의 용서와 영원한 구원과 관계된 '새 언약'-The New Covenant, The New Testament이다.

B.2 이것은 우리 안에 해결 받지 못하던 죄를 속죄 받고 하나님과 하나 됨과 '구속함을 받음'(Atonement)을 뜻한다.[33]

ⅷ. 기독교의 전개 내용-복음

1. 예수 그리스도의 '도성인신'(都城)人身)

예수 그리스도께서 도성인신(Incarnation)(마1:18-25, 눅2:1-7)한 사건을 실제적으로 발생한 일이라고 믿음 가운데 전한다.

2. 세례 요한의 출현
A. 세례 요한이 출현(마3:1-12, 눅3:1-9, 요1:19-23)한다.
B. 세례 요한은 예수님께서 지상에서 인류의 구속사역을 위한 모든 과정(사생애와 공생애)을 준비하는 본질적 목적을 위해 예수님보다 6개월 먼저 출생하여 그 모든 일을 감당하고 순교했다.

3. 예수 그리스도의 공생애 3년

---

33) **마태복음 26:28** '언약의 피', 마가복음 14:24, 눅 22:20 '새 언약'.

A. 예수 그리스도의 공생애 3년

A.1 하나님 나라를 전파(마4:17,23 막1:14-15, 눅4:14-15)했다.

A.2 십자가에서 대속(마27:32-50, 눅23:26-43)을 행했다.

A.3 부활(마28:1-10, 막16:1-8, 눅24:1-12, 요20:1-10)했다.

A.4 승천(막16:19-20, 눅24:50-53, 행1:9-11)했다.

〈Table-3〉   **예수 그리스도 공생애 3년**

예수 그리스도 공생애 3년	12제자 양육 파송	성령 강림 후 초대교회 시작	이방지역 최초교회 설립
-하나님나라전파 -십자가 대속 -무덤에서 부활 -지상에서 승천	-12제자 양육 파송함 -마지막 지상명령 하달	-마가요한 다락방 성령 강림 -7집사 세움 -초대교회 핍박 복음 확장	-이방지역 최초 -안디옥교회 설립 -세계 최초 선교사 파송

B. 12제자 양육 파송

B.1 12제자 양육하여 파송(마10:5-15, 막6:7-13, 눅9:1-9)했다.

B.2 '마지막 지상명령'-The Evangelical Mandate(마28:18-20, 막16:14 -18, 눅24:36-49, 요20:19-23,1:6-8)을 하달했다.

C. 성령 강림 후 초대교회 시작

C.1 주님 승천하신 후 120명이 오순절에 마가 요한의 다락방에서 기도하여 성령님께서 강림하셨다(행2:1-13).

C.2 예루살렘 초대교회에 7집사를 세웠다(마4:18-22, 막1:16

-20, 눅5:1-11).

C.3 초대교회가 핍박 받음으로 복음 확장(행7:54-60)을 이뤘다.

D. 이방지역 최초 교회 세움

D.1 이방지역 수리아에 최초로 안디옥교회를 설립했다.

D.2 안디옥교회에서 세계에서 역사적으로 최초 선교사로 바나바와 바울을 파송했다(행13:1-3).

ix. 신약성경이 없었던 이유-예수 그리스도 당시

1. 구두 전승시대

	주제	이유
구두 전승 시대	A. Coming soon	임박한 종말론 때문이다
	B. Oral tradition	계시의 말씀은 구술로 전승하는 습관 때문이다
	C. Printing	인쇄술이 발달되지 않았던 시대이다[34]
	D. Preaching	당시, 직접 설교(preaching)했기 때문이다

〈Table-4〉   성경 외의 문서들과 전달사항은 구술(口述)로 전달하는 문화였다
예수 그리스도나 사도들이 구술(oral)로 설교했다

2. 구두 전승시대 마감 이후 성경 기록

A.D. 70년 이후 예수 그리스도의 재림이 지연되는 상황에서 12사도

---

34) 구텐베르크[Gutenberg, Johannes] 백작은 독일의 기술자, 활판 인쇄술의 발명자로서, 1445년에 주형으로 활자를 만들고 인쇄기를 발명하였다. 이때부터 손으로 필사(筆寫)하던 성경을 기계로 찍어내므로 대량으로 성경과 기독교 변증서와 복음의 내용들이 보급되기 시작하여 그로부터 72년 후에 종교개혁을 성공시킨 간접적인 원인으로 판명된 것이다.

중 사도 요한 만 남았다. 구두전승(口頭傳承) 시대가 끝나고, 기독교가 이방으로 확장됨으로 로마를 비롯한 이방인들에게 예수 그리스도가 누구신지 알려 줄 필요가 있었기 때문에 이미 구약성경부터 직접 계시로 기록되기 시잧하다가 신약성경까지 직접 계시가 마감되므로 복음사역을 위하여 성경 말씀을 손으로 필사(筆寫)하도록 환경이 조성되었다.

성경 해석작업은 영적인 진리를 들춰내어 교훈을 얻어
내는 것이다. 예수님께서 사용하셨던 비유들이 성경
본문에 많이 등장하는 것은 예수님께서 이 비유적
표현을 적절하게 사용하셨기 때문이다.

제2장

성경의 영감과 계시

Inspiration and Revelation of the Bible

ⅰ. 성경의 영감과 계시

1. 영감의 개념

A. 영감의 개념에 대한 신빙성 있는 설명

성경 자체가 영감을 준다는 말이 아니라 성경에 '하나님의 호흡이
불어 넣어진 것'(딤후3:16)으로 믿는 사상을 말하는 것이다.[35] 성령
께서는 하나님을 경배하는 인간의 증인들을 통해서 성경을 주셨음을
증거해 주고 있다. 신구약 성경, 66권의 각 책에 대한 하나님의 말

---

[35] Abba R., *The Nature and Authority of the Bible*, Lodon, 1958, pp.492-493.

씀을 하나님께서 친히 말(언어, language)36)로 하신 말씀을 설명하고
있다.

B. 영감에 대하여

B.1 성경 기록에서 영감(inspiration)37)의 역할
하나님의 계시가 어떻게 인간의 언어로 기록될 때, 영감(inspiration)은
성경이 기록되었는가 하는 것을 다루는 것이다. 일반적으로 영감은
성령 하나님께서 인간 저자(著者)의 개성, 배경, 교육 등을 사용하여
하나님의 계시를 그 원본(Original text)에 있어서 오류 없이 인간의 언
어로 기록되도록 인도하시는 행위를 뜻한다.

B.2 영감(θέο, 데오, God, 靈感)+πνεύστος(프뉴스토스, breathed)38)
성경은 완전 축자 영감(Verbal Plenary Inspiration)이라고 인정한다.
이 개념은 성경 전체가 영감으로 기록되었다는 의미를 말하는 것이
다. 물론 이 개념에 대하여 모든 교파(교단)가 다 동의하지 않지만
역사적 개혁주의를 따르는 교단에서는 동의한다는 말이다.

"모든 성령은 하나님의 감동으로 된 것으로…"(딤후3:16).

---

36) 언어란 음성, 문자, 몸짓 등의 기호매체를 이용한 인간의 사상, 감정 등의 의사전달체계를 말하는
   것으로 협의로는 음성언어를 가리킨다. 언어사용은 인간의 본질적 특징의 하나라고 할 수 있다.
   인간의 언어는 의미의 최소단위인 '형태소(morpheme)'와 음형(音形)의 최소단위인 '음소
   (phoneme)'로 2중으로 분절화되어 있으며 이것이 유한(有限)의 요소를 조합하여 무한(無限)으로
   다양한 단어나 문장을 만들 수 있는 기반이 된다. 하나님께서는 이런 논리적인 구조를 의식하시
   고 인간의 언어로 말씀(계시)하여 인간이 그 계시를 받아 기록할 수 있었대(네이버 지식백과-언어
   (language, 言語), 21세기 정치학대사전).
37) 영감에 대한 일반적인 개념은 신의 계시를 받은 것에 대한 영적인 일이며, 창의적인 일의 동기가
   되는 생각이나 자극이라고 한다.
38) Πράξεις Ἀπόστολος 4:6, The Greek New Testament Third Edition(corrected), United
   Bible Societies, 1983, p.416.

서술적 용법의 해석으로 모든 성경은 감동(영감, Inspiration)으로 쓰여진 것이라고 한다.39)

C. 성경의 무오성(The infallibility of the Bible)

C.1 성경은 오류(誤謬, 틀린 곳)가 없다. 그러나 성경 무오성의 원칙을 들고 말할 때는 다음의 사항을 인정할 수밖에 없다.

1) 성경이 극히 일부분에 틀린 부분이 있다고 한다면 다음 부분에서 동의한다(ex. 열왕기상 8:26과 22:2).

2) 이 문제는 사본에서의 오류라고 말할 수밖에 없다. 성경의 무오성(無誤性)을 주장하는 신학적 입장, 이것은 모순(contradiction)이 아니라 갈등(conflict)으로 보고 있는 신학적 입장을 말한다.

C.2 영감(inspiration)은 '하나님께서 무리(개인, 교회, 공동체 등)와 교통하는 수단이다'(The means of the Divine communication). '계시는 하나님이 우리와 교통하는 절대적인 기능이다'(Revelation is an absolute function of God's communication with us).40)

> "우리 주 예수 그리스도의 하나님, 영광의 아버지께서 지혜와 계시의 영을 너희에게 주사 하나님을 알게 하시고"(엡1:17).

> "태초에 말씀이 계시니라 이 말씀이 하나님과 함께 계셨으니 이 말씀은 곧 하나님이시니라"(요1:1).

---

39) "하나님의 감동으로 된 모든 성경은..." 제한적 용법으로 감동으로 안 된 성령도 있다는 것이다. 이것은 가톨릭의 입장임을 밝힌다.
40) J. Barr, *The Bible in the Modern World*, Lodon, 1973, p.491.

2. 영감의 종류

A. 만전적(萬全的. 완전한) 영감의 말씀으로 믿음

예수 그리스도께서 성경을 만전적[41] 영감(萬全的 靈感)으로 된 성부 하나님 말씀으로 믿으신 것이다. 예수 그리스도 그에게는 성경 말씀이면 곧 절대적 권위의 말씀으로 인정되었다.[42]

워필드(B.B. Warfield)는 "성경의 장절(요10:34-36)을 보더라도 성경의 모든 부분이 다 하나님의 권위에 속한다고 주장하신 예수 그리스도의 견해를 알 수 있다"고 했다.[43] 이러한 하나님의 권위는 성령의 특별한 영감에서 확인할 수 있다.

B. 영감의 종류

영감설은 확실한 근거를 가지고 조명해야 하므로 그 종류를 구분할 때 성경 신학적인 근거로 한 방식을 몇 가지로 소개해 보면 다음과 같이 나열할 수 있다.

B.1 기계적 영감설(Mechanical Inspiration)

성경 기자는 하나님의 말씀을 받아쓰기(dictation) 한 것이다. 그러나 기록자를 펜처럼 '자유의지'에 관계 없이 기계적으로 기록하게 했다는 주장이다. 그러나 각 복음서 별로 문체가 동일하지 않다는 의문점이 제기된다.[44] 예로서 전체적인 주제인 인류의 구원을 위한 것이

---

41) 국립국어연구원, 1999.
'만전(萬全)'의 낱말은 명사이며, 접미사가 붙으면 형용사로 쓰인다. 그리고 이 낱말의 뜻은 조금도 허술함이 없이 아주 완전하거나 안전함을 말해준다.
42) 박윤선, *성경 신학*, 서울: 영음사, 1978, pp.19-20.
43) B.B. Warfield, *The Inspiration and Authority of Scripture*, 1962, p.144.

나, 하나님의 무한하신 사랑, 십자가의 능력을 어떻게 기계적으로 말씀하시고 넘길 수 있을까? 말씀의 주체이신 하나님께서 감성의 속성을 지니셨음으로 성경의 영감에 대하여 마냥 기계적으로만 다루시고 그냥 넘기시지 않는다는 사실을 곰곰이 헤아랴만 한다.

B.2 동적 영감설(Dynamic Inspiration)

하나님께서 성경의 기자 개개인에 특별 은사를 주셨다는 것을 말한다. 그러나 은사만 받으면 언제나 성경을 쓸 수 있다는 잘못된 주장이 제기될 수 있는 주장이다. 분명한 것은 지금은 성경을 하나님께서 직접 말씀하는 계시의 시대는 멈췄다. 하나님이 직접 말씀하여 받았다고 주장은 극히 잘못된 것이다.

B.3 유기적 영감설(Organic Inspiration)

　-인간의 자유의지를 무시하지 않음

성령님께서 성경을 기록하는 기록자의 '자유의지'를 무시하지 않는다. 하나님께서 인간을 창조하실 때, 자유의지를 인간의 고유한 속성에 포함하여 창조하셨다. 성령께서는 이런 고유 속성인 자유의지를 무시하지 않으신다. 그래서 성경의 영감의식을 통하여 인격적으로 기록하게 한 것이 '유기적 영감론'이다. 유기적(有機的) 특성인 점을 감안하면, 하나님께서 인간의 자유성을 무시하고 직접 역사하셨던 경우가 성경 어디에도 없다.

　-기록자 인간을 성령의 감동으로 기록하게 함

성경은 유기적 영감으로 역사했으며 또한 성경의 모든 기록에서도 이 근거를 찾아볼 수 있다.[45]

---

44) 성경을 기록하게 한 분은 성령이다. 성령님께서 성경을 기록할 때는 사람을 통해서 기록했지만, 사람 속의 자유의지를 무시하고 펜처럼 사용했다는 학설이 '기계적 영감설'이다.

"예언은 언제든지 사람의 뜻으로 낸 것이 아니요 오직 성령의 감동하심을 받은 사람들이 하나님께 받아 말한 것임이라"(벧후1:21).

B.4 사상적 혹은 개념적 영감설(Thouqht or Concept Inspiration)

성경에 영감된 것은 언어가 아니라 사상이나 개념이므로 잘못될 수 있다(언어는 영원하지 않다는 사상). 그러나 사상과 언어는 분리될 수 없다. 언어는 사상대로 나오는 것이지 언어 따로 사상 따로의 논리는 있을 수 없다. 혹 이중적인 마음으로 말할 수 있다고 하지만, 성경의 영감설에서는 이중적으로 분리될 수 없다는 견해가 지배적이다.

B.5 부분적 영감설(Partial Inspiration)

부분 영감설은 성경의 어떤 부분은 영감으로 기록되어 그 부분은 정확무오 하지만 그 외 다른 부분들은 성경 기록자들이 자기 마음대로 기록하여 여러 오류가 있다는 주장이다. 이 주장은 로마 가톨릭교회의 입장이 대표적이다.[46] 정통 기독교의 입장과 로마 가톨릭과의 입장은 성경의 영감설에서도 확연한 차이가 나고 있다는 사실이다.

B.6 정도 영감설(Deqree Inspiration)

전체적으로 영감되어 있지만 영감의 정도가 강하거나 약한 부분이 있다. 그러나 영감은 정도의 차이가 없다. 계시는 정도의 차이가 있지만 하나님 직접 말씀하신성경의 영감에 대한 계시는 굴곡이 있다는 것은 모순일 수밖에 없다. 절대 무오성인 성경말씀이 영감 정도

---

45) 성경의 기자(記者)들 각자를 조화시켜서 유기적으로 쓰게 하신 것이다. 여러 가지 주장 중 유기적 영감론이 정확하다. 하나님께서 사람을 만든 목적이 하나님의 보편적 속성을 지닌 인격자를 만드는 것이고 그 인격의 가장 중요한 부분은 바로 자유의지이다.

46) 어느 부분(교리적 부분)은 영감 되고, 어느 부분(역사적 부분)은 영감되지 않았다는 주장이다. 참으로 안타깝지만, 현대 과학의 발달과 인문주의의 창궐로 인하여 성경에서 비과학적이거나 반문명적인 것 또는 현대 사회에서 받아들일 수 없는 내용들은 전부 부분 영감설에 의하여 성경 기록자들의 주관적 기록이라고 분류되어 성경에서 배제되고 있는 것이 대세이다.

에 따라 차이가 난다는 이유는 어떤 근거를 제시해도 설득력이 떨어진다는 것이다.

B.7 목적 영감설(Purpose Inspiration)

구원이냐 부활이냐 하는 목적에만 영감되어 있다.는 설이다. 성경은 인류를 대상으로 계시하신 언어로서 그 안에는 한 목적을 성취하기 위해 여러 주제를 살필 수 있다. 그러나 여기서 성경이 영감 된 한 목적을 이루기 위하여 특별한 주제만 치중하여 영감되었다는 것은 상식에도 맞지 않는 주장이라고 한다.

B.8 자연적 영감설(Natural Inspiration)

성경의 기록자는 천재들이나 뛰어난 자이므로 영감에 별 차이가 없다. 이 말은 특별한 존재들인 만큼 성경 기록할 때, 성경 영감에 별다른 영향력에 좌우되지 않는다는 뜻이다. 즉 하나님의 말씀을 기록하는 순간에 성령께서 감동을 부여하시는 일에 인간이 성령의 영감보다 뛰어날 수 있다는 말로서 이 주장 역시 모순이 많다는 것이다.

B.9 교훈 영감설(Instruction Inspiration)

성경으로 가르치려는 사상만 성령이 성경 기록자에게 영감으로 알렸다는 주장이다. 성경이 가르치는 교훈은 진리지만 그 진리를 전하기 위해 동원된 여러 표현과 단어들은 영감으로 기록된 것이 아니고 성경 기록자들이 알아서 기록했기 때문에 성경의 표현과 단어들은 오류가 많다는 주장이다. 이 주장 역시 자신들 나름의 학문의 지식과 자료를 동원하여 주관적 주장을 하므로 잘못된 것이다.

B.10 완전 축자 영감설(Verbal Plenary Inspiration)

중요한 사본들까지도 영감으로 되어 있다고 생각하는 것을 말한다.47) 성경은, 다 기록하려면 이 지상(地上) 어디에도 저장해 둘 수 없는 분량이지만 우리 구원에 필요한 내용만 간추려 일점일획도 가감 없이 기록해 주셨으니 성경 내용은 그 표현까지 그 단어 사용까지 그 문맥과 전체 흐름까지, 어느 한 부분도 인간 단독의 기록이 없다. 한 글자 글자가 성령으로 기록되었으니 '축자 영감론'이라고 한다(마5:18).

ii. 하나님의 계시

1. 계시의 구분

A. 하나님의 계시 ἀποκλύπτω(헬,아포칼맆토)를 가장 일반적인 개념으로 구분할 때, **'일반계시'**와 **'특별계시'**로 나눈다.

B. 일반계시(Common ground)-'공동의 장'(共同場)은 하나님께서는 '자연'이라는 상황 속에서 자신을 나타내신다.

B.1 자연을 통해 하나님의 존재, 신성, 권능, 지혜, 사랑, 영광 등을 숨김없이 나타내신다.
B.2 또한 역사를 통해 자신을 드러내신다. 하나님과 이스라엘 관계에서 분명하게 나타내신다.

2. 일반계시

하나님께서 자연이나 역사, 양심 등을 통해 하나님 자신과 그 뜻을

---

47) 원래 성경기록은 일점일획도 가감 없이 기록되었다는 것은 너무도 명백한 일이다. 그러나 인간적으로 생각하는 사람들에 의하여 '교훈 영감설'과 '부분 영감설'이라는 이단설이 제기되고 있다.

알리셨다. 이런 방법이 '일반계시'이다(행17:22-31; 롬1:20,22,32). 한편, 일반계시로는 하나님이 누구시요, 어떤 분이시며 죄와 사망 아래 있는 우리 인간을 어떻게 구원하고 계신지 알기에는 부족하지만, 하나님의 '숨겨진 것을 일반적인 방법으로 드러내는 행위'를 말한다(눅 10:27).[48]

> "율법 없는 이방인이 본성으로 율법의 일을 행할 때에는 이 사람은 율법이 없어도 자기가 자기에게 율법이 되나니 이런 이들은 그 양심이 증거가 되어 그 생각들이 서로 혹은 고발하며 혹은 변명하여 그 마음에 새긴 율법의 행위를 나타내느니라"(롬2:14-15).

인간은 원래 하나님의 형상대로 창조되었기 때문에 하나님을 알만한 것이 이미 그 속에 있다는 것을 말한다(롬1:19). 즉 창조물인 인간은 본능적으로 하나님을 그 내면(內面)에서 깨닫고 이해하면서 그를 받아들일 수 있다는 것을 말한다.

3. 특별계시

하나님이 자신을 분명하게 알 수 있도록 계시한 것이 바로 '특별계시'이다(살전2:13; 히4:12-13). 그리고 이 특별계시를 하나님의 영감으로 훼손됨(오류) 없이 문서화 한 것이 바로 성경이다.

A. 특별계시의 특성

---

48) KATA Μαθθαίος 11:27, KATA Λουκας 10:27, The Greek New Testament Third Edition(corrected), United Bible Societies, 1983, p.41, 253.

"내 아버지께서 모든 것을 내게 주셨으니 아버지 외에는 아들을 아는 자가 없고 아들과 또 아들의 소원대로 계시를 받는 자 외에는 아버지를 아는 자가 없느니라"(마11:27).

A.1 자연계시에 비하여 특별계시는 믿는 사람에게만 하나님께서 특별히 보여주시는 계시이다. 리델보스(Herman Ridderbos) 박사는 특별계시인 언어를 문서에 담도록 하나님께서 자신의 말(계시)을 통해 베일을 벗기는 것이다. 이미 그리스도 안에서 이미 시작된 복음을 계시의 형태로 선포하고 있다.[49]

A.2 특별계시는 인간 지식을 초월한 차원이어서 육적인 조건으로만 특별계시를 알려고 한다면 바로 알 수 없게 된다. 인간의 조건은 육적인 상태를 말하는 것이다. 그런 차원으로 알려고 해도 알 수 없고, 또 깨닫거나 이해하려고 해도 알아질 수 없는 것이다. 다만 영적인 조건이 동원될 때, 비로소 특별계시를 취할 수 있게 된다. 이런 조건도 무턱대고 알아지는 것이 아니라 여러 가지 조건이 갖춰지면서 알아지는(깨달아지는) 것이다.

B. 특별계시의 구분-문서 계시와 은밀계시

특별계시는 다시 두 가지로 나누어, 성경으로 기록하여 주신 '문서계시'와 신앙 양심을 통해 성령이 감화와 감동으로 알려주시는 '은밀계시'가 있다.

B.1 특별계시의 나타남

---

49) Herman Ridderbos, *Paul An Outline His Theology*,(Korean Edition), 1985, pp. 53-56. 이 부분에서 리델보스 박사의 특별계시에 대한 견해를 그의 저서를 통해 소개해 본다.

"나의 복음과 예수 그리스도를 전파함은 영세 전부터 감추어졌다가 이제는 나타내신 바 되었으며 영원하신 하나님의 명을 따라 선지자들의 글로 말미암아 모든 민족이 믿어 순종하게 하시려고 알게 하신 바 그 신비의 계시를 따라 된 것이니"(롬16:25-26).

B.2 은밀한 계시를 보이심

"그 뜻의 비밀을 우리에게 알리신 것이요 그의 기뻐하심을 따라 그리스도 안에서 때가 찬 경륜을 위하여 예정하신 것이니 하늘에 있는 것이나 땅에 있는 것이 다 그리스도 안에서 통일되게 하려 하심이라"(엡1:9,10).

C. 조직신학의 계시론의 본론

조직신학의 계시론은 '특별 계시론'이라고 할 수 있다. 따라서 특별 계시는 '계시론의 본론'이라는 의미를 가진다.[50]

C.1 성육신하신 그리스도를 통해 나타냄

하나님은 직접적 음성, 역사적 사건, 성육신(incarnation)하신 그리스도를 통하여 인간에게 하나님의 구속적 사랑, 인격, 거룩함 등을 나타내신다.

C.2 계시를 인간 편에서 이해하게 함

하나님께서 인간을 그 형상대로 창조하셨기 때문에 인간의 언어로 기록하게 했고, 이해할 수 있는 범위 내에서 인간에게 계시했다.[51]

---

50) Dr. Herman Bavinck, *Gereformeerde Dogmatiek*, Uitgave, Van J. H. Kok Te Kampen, 1928,(Korean Edition), 1996, pp.365-367. "인간은 종교 속에서 어떤 관능이나 쾌락, 어떤 과학이나 예술, 어떤 인간이나 천사, 전 세계라도 그에게 선물할 수 없는 어떤 것을 찾는다. 종교 속에서 그는 방해 받을 수 없는 행복, 영생, 하나님과의 교제를 추구하고 있다. 그러나 이것이 그렇다면 그때 다시 계시가 절대적으로 필요하다. 계시가 그때 종교의 기초여야 한다."

51) Dr. Herman Bavinck, Gereformeerde Dogmatiek, Uitgave, 같은 책, p.415. "단 하나의 종교도 일반계시에 충분하지 않다는 것을 역사가 가르치고 있다. 그리스도교는 역시 특별계시에 호소하고 있고 성경은 특별계시의 책이다. 그것을 가지고 계시의 개념이 표현된 낱말들은 특별히 다음과 같은 것들이다. '벗긴다', 발견되다, 현현하다, 계시되다는 뜻이다(창35:7, 삼상2:27, 3:21, 사53:1, 56:1 등)."

지금은 각 부족그룹, 민족그룹 등으로 언어가 분리되어 나타나게 되었다. 분명한 것은 구약의 족장시대나 이스라엘 왕국시대, 그리고 신약의 예수 그리스도의 공생애 시대나 그리스도가 부활한 후 사도와 속사도의 초대교회 시대와 사도바울의 이방 세계 선교활동 시대 등, 한결같이 계시의 언어를 인간 수준으로 조정하여 직접 주셨다는 것을 간과할 수 없다.

3. 계시의 점진성(Progressiveness of Revelation)

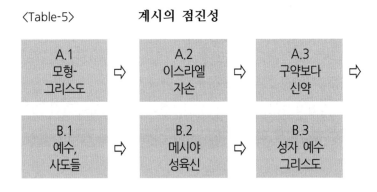

〈Table-5〉 **계시의 점진성**

A. 그리스도의 모형 ⇨ 이스라엘 자손 ⇨ 구약보다 더 확실한 신약 ⇨

A.1 모형-그리스도
구약시대의 제사나 의식은 장차 오실 예수 그리스도의 그림자요, 모형(typology)으로서 하나님 계시의 점진성을 보여주셨다.
A.2 이스라엘 자손
이스라엘 자손에게 약속한 계시 중 비중있는 것은 신약 시대에 이루어짐으로 계시의 점진성을 보여 주었다.

A.3 구약보다 더 확실한 신약

신약 시대의 저자들에게는 구약 시대의 모든 사건, 인물, 그리고 정황 등이 확실한 하나님의 말씀이었음이 분명하였다. 이렇게 하나님의 계시는 점진적으로 나타나는 수단은 신약시대의 사역과 사건, 인물의 정황 등은 구약시대의 모든 조건 등으로 비롯된 것이었음을 보여주었다.

B. 예수 ⇨ 사도들 ⇨ 메시야 성육신 ⇨ 성자 예수 그리스도 ⇨

B.1 성령은 예수 그리스도와 사도들을 통해 분명하게 나타나게 되었다.[52]

B.2 계시의 점진성은 메시야에 관한 계시에 잘 나타나 있다(구약 내에서는 정경의 자의식이 있다).

B.3 과거에는 선지자를 통해 계시하다가 이제는 그 아들을 통해 계시하셨다. 더 나아가 신약이 구약과 대등한 것이며, 그 계시가 명료성(clearness)과 점진성(progressive)에 있어서 구약보다 우월하다는 의식이 분명했다(신약의 정경의식-벧후1:21).

> "그가 여기 계시지 않고 그가 말씀 하시던 대로 살아나셨느니라 와서 그가 누우셨던 곳을 보라"(마28:6).

> "예언은 언제든지 사람의 뜻으로 낸 것이 아니요 오직 성령의 감동하심을 받은 사람들이 하나님께 받아 말한 것임이라"(벧후1:21).

---

52) **마태복음 5:18** "천지가 없어지기 전에는 율법의 일점 일획이라도 반드시 없어지지 아니하고 다 이루리라."

iii. 성경의 문자 계시(Biblical Revelation)

⟨Table-6⟩   성경의 문자 계시-정점 계시(하나님 앎)

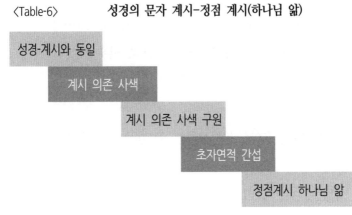

성경-계시와 동일

계시 의존 사색

계시 의존 사색 구원

초자연적 간섭

정점계시 하나님 앎

"우리 주 예수 그리스도의 하나님, 영광의 아버지께서 지혜와
계시의 영을 너희에게 주사 하나님을 알게 하시고"(엡1:17).

4. 성경의 문자 계시

A. 성경은 계시와 동일하다.

이 모든 것들이 성경에 기록되어 있기 때문에 일반적으로 성경을
계시와 동일시하고 있다.53)

B. 계시의존 사색-성령의 조명이 필요하다.

B.1 인간은 죄성(罪性)을 지니고 있으므로, 명백한 성경의 내용
을 오해하기 때문에 성령의 조명으로 성경을 해석할 필요가 있다.

---

53) 하나님께서 인간이 이 세상의 삶을 유지해 가는 하나님의 섭리에 대하여 알아야 하는 특권을 가
지게 하셨다.

B.2 개혁교회는 '성경의 명백성'이란 교리화에서 신자라면 누구나 성경을 해석할 수 있다고 가르친다. 종교(교회) 개혁자 John 칼빈 역시 성경해석에 있어서 신자(그리스도인)가 할 수 있다고 말했다.

> "그러나 너희는 택하신 족속이요 왕 같은 제사장들이요 거룩한 나라요 그의 소유가 된 백성이니 이는 너희를 어두운 데서 불러 내어 그의 기이한 빛에 들어가게 하신 이의 아름다운 덕을 선포하게 하려 하심이라"(벧전 2:9).

C. 인간은 계시 의존 사색으로 구원받을 수 있다

C.1 우리는 하나님의 계시를 '통해서 그 계시를 의존하여'야만 하나님을 알 수 있고 영생에 이를 수 있다.

C.2 마태복음 11:25-27의 말씀을 재인식해야 한다. "아들과 또 아들의 소원대로 계시를 받는 자 외에는 아버지를 아는 자가 없느니라."

C.3 위 구절에서 말한 '계시'는 무엇을 의미하고 있는가?

D. 초자연적 간섭-계시를 위하여

D.1 하나님이 인간의 구원을 위하여 초자연적으로 간섭하시고 역사하신다는 것을 보여주신다. 그런 의미에서 '계시'($\dot{\alpha}\pi o\kappa\alpha\lambda\acute{u}\psi\alpha\iota$)[54]란 말의 헬라어 '아포칼루파이'-하나님께서 자기를 인간에게 나타내 보여주시는 것을 의미한다.

D.2 인간이 범죄하고 타락하면서 하나님과의 축복의 계약이 깨

---

[54] biblehub.com.

져 모든 것을 상실했지만 하나님은 인간을 버리지 않으시고 초자연
적인 간섭을 통해 계속적으로 구속의 역사를 친히 주도해 가신다.55)

E. 정점 계시-말씀에 의존하여 하나님을 안다

E.1 사람은 피조물이며 타락한 존재이기 때문에 하나님에 의존해
서만 그분을 알 수 있다.

E.2 하나님은 신현(Theophany)과 예언, 이적을 계시 방법으로 사
용하여 예수 그리스도께서 성육신하심으로 정점 계시가 이루어지게
되었다. 그러므로 오직 계시-말씀에 의존해서만 하나님을 믿는 삶을
이뤄갈 수 있다.

---

55) John Park, Handout #10 for Lecture of Seminar in A History of The Early Church, L.A.
Campus, 2001. 6. 11.

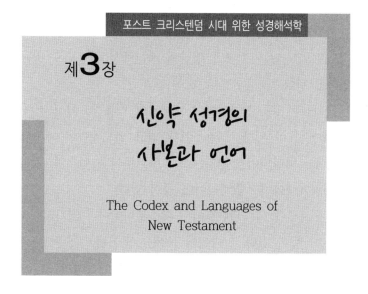

제**3**장

신약 성경의
사본과 언어

The Codex and Languages of
New Testament

ⅰ. 신약성경의 언어

1. 신약성경 언어와 세계의 사용되는 언어

  A. 세계에서 사용되는 언어

  A.1 현재 세계에서 사용되는 언어의 수가 얼마인지는 정확하게 밝혀져 있지 않으나 대체로 2,500~3,500개로 추정된다. 세계의 모든 언어는 각 종족이 사용하는 것까지 약 7,000개 정도로 추산한다.56)

A.2 계통적으로 분류해서 각 언어의 명칭을 들어 보면 다음과 같이 나열할 수 있다.

1) 인도 유럽어족: 게르만어 계통의 덴마크어 · 네덜란드어 · 영어 · 독일어 · 아이슬란드어 · 노르웨이어 · 스웨덴어 · 이디시어 등, 라틴어 계통의 프랑스어 · 이탈리아어 · 포르투갈어 · 에스파냐어 등이 있다. 프랑스 일부 지역과 영국의 북부에서 사용되고 있는 켈트어가 있다고 한다.

2) 슬라브어 족: 불가리아어 · 체크어 · 폴란드어 · 러시아어 · 우크라이나어 등이 있다. 그리스어가 있고 인도이란어 계통의 뱅골어 · 힌디어 · 마라티어 · 펀자브어 · 우르두어가 있으며, 기타 페르시아어, 아르메니아어 · 알바니아어 등이 있다.

3) 핀우그르어 족: 핀란드어 · 에스토니아어 · 헝가리어 · 랩어 · 사모예드어 등이 있다. 알타이어 족에는 터키어 · 몽골어 · 만주퉁구스어가 있으며, 한국어와 일본어는 이에 속할 가능성이 크다고 한다.

4) 시노티베트어 족: 중국어 · 버마어 · 타이완어 · 티베트어 등이 속한다.

5) 이 밖에 아프리카제어 · 말레이폴리네시아제어 · 코카서스제어 · 드라비다제어 · 아메리카 인디언제어 등이 사용하고 있는 인구의 숫자는 적다. 이중 많이 사용되는 언어는 중국어 · 영어 · 에스파냐어 · 러시아어 · 힌디어 · 뱅골어 · 독일어 · 포르투갈어 순이다.[57]

---

56) 한편, 지구상에는 출처를 밝힐 수 없는 언어를 고립어(孤立語:solating language)라고 하며 이런 언어들이 많이 통용되기도 한다.
57) [출처] 세계 언어의 종류|작성자 'daum media'에서 인용(2012. 2. 7).

B. 신약성경의 언어

B.1 헬라어는 B.C. 1천 년 이상부터 '고전의 시'-Iliad, Odyssey 등부터 인류 문화생활에 깊숙이 연관되어왔다. B.C. 5세기경 그리스 철학 사상을 나타내는 인류의 대표적 문화어(文化語)로서의 지위를 굳혔던 언어이다.58)

B.2 이렇게 비중 있던 언어가 신약 성경에 사용되었으니 그 언어는 헬라어(Greek Languages)이다.

B.3 그러나 신약성경 본문에 사용된 언어는 A.D. 1세기경의 헬라어이다. 그 언어는 오늘날의 헬라어와 많은 차이가 난다. A.D. 1세기 무렵에 로마제국 내의 대부분 사람에 의해 쓰였던 헬라어는 토속 또는 공용 헬라어(Common Greek)란 뜻의 'Koine'(코이네) 헬라어라 불려졌다.59)

B.4 헬라어로 기록된 신약 성경은 이집트의 사막에서 발견되었다.60) 이때 파피루스에 기록되어진 신약 성경을 습득한 것이다. 이 사건은 '신약 신학'(New Testament Theology)의 대 발견의 사건이었다.61)

---

58) 신약성경에 사용된 헬라어는 B.C. 약 1000년 전부터 호머(Homer)의 시(Iliad, Odyssey 등)에서부터 인류문화생활에 관여하고, 주전 5세기경의 소크라테스(Socrates)와 플라톤(Platon)의 철학서과 인류의 문화어로서의 지위를 이어간 언어이다.

59) '코이네'는 고전 헬라어와 같은 문학어 또는 철학어 등의 학술어가 아니라, 일반 시민들의 공용어 혹은 통상적으로 사용된 언어로 기록되었다.

60) 약 100년 전 다이즈만(A. Deissmann, 1866-)박사가 헬라어의 신약성경을 발견했다.

61) 심상법 교수, 복음주의 신약신학의 동향-복음주의신학연구회 1996년 가을 정기모임 발표.
이글은 심상법 교수(총신대신학대학원 신약학)의 논문이다. 역사비평에 따르면 신약신학을 연구하는 것이란 '초대 기독교 종교의 역사'에 대한 [서술적] 탐구를 의미(Hengel 1996:72. cf. Dunn 1987:2)하는 것이라고 한다면 전통-보수적 견해는 신약의 사실성에 근거하여 보다 교리적/신학적 재구성을 하는 것으로 볼 수 있다. 이와 같은 모습은 신약(의 본질)을 이해하는 두 가지 견해를 따라 시도된 것이라고 볼 수 있다: 즉 전자는 신약을 철저히 인간의 역사적 문서로 이해하여 역사가의 관점에서 기술한 것(순수 서술적, purely descriptive 서술)이라고 한다면 후자는 신약을 하나님의 말씀으로만 이해하여 신학자의 관점에서 신앙적이고 신학적 체계를 서술하고자 하는 것(순수 지시적,purely prescriptive 기술)이다. 이런 까닭에 복음주의의 신약신학에 대한 연구는

B.5 알렉산더 대왕 이후의 헬라화 운동을 따라 코이네는 급속하게 국제무대의 언어로 사용되어 갔다.[62]

ii. 신약성경의 본문

1. 신약성경의 사본

A. 신약성경의 사본의 기록과 인쇄

A.1 신약성경의 원저자(the writer)의 수기(手記)는 당시 손쉽게 구할 수 있던 '파피루스'(Papyrus)라고 불리는 종이에 기록되었다. 파피루스는 갈대 같은 풀을 엮어 만든 것이다. 파피루스는 쉽게 꺾어지고 또 부패하기 때문에 오래 간직하기 힘들었다.[63]

A.2 주후 2세기경부터는 양이나 송아지 가죽으로 된 종이, '파치멘트'(Parchment)의 성경이 등장하게 되었다.

A.3 성경의 원본은 원저자가 받아서 기록한 것이다. 이것, '원본' (Original)은 물론 수신자에게 전달되었으나 불원(不遠) 간 그것은 다른 지방으로도 돌려가면서 읽는 '회람용'으로 읽혀졌다(골 4:16 참조).

A.4 A.D. 1455년 구텐베르크(Gutenberg)에 의해 활자 인쇄기를 발명하면서 많은 사람에게 성경이 보급되었고 쉽게 읽혀져 갔다.

주로 일종의 교리적 체계의 기술로 이해되었다.

62) 신약시대의 작가였던 필로(Philo, B.C.30-A.D.50)나 요세푸스(josephus, A.D.37-110)등의 저작도 코이네로 저작된 사실에 주목할 필요가 있다.

63) 현재 이집트 카이로의 박물관에 약 3000년 전 파피루스(종이)를 소장하고 있다.

B. 신약성경의 사본의 전달

B.1 성경을 대량으로 인쇄하기 전까지는 '사본'(codex)이란 방법으로 전해졌다. 사본은 서기관이 직접 원본에서 옮겨 적은 것을 말한다.[64]

B.2 지금까지 보존된 사본은 매우 다양하다. 그러나 대개 약 5,300개(대문자 사본 267개, 소문자 사본 2,176개, 예배용 의식문 2,146개 등)로 일단 추측한다.[65]

B.3 '대문자 사본'(Uncial Mss)은 주후 4~9세기의 것이다.

2. 신약성경-대문자 사본

이 '대문자 사본'들이 양질의 사본(high-quality codex)으로 인정되고 있다. 이 사본들은 신약 성경 본문 연구에 기본적인 것으로 보고 있으며, 그중 몇 개는 최신의 것들이다.[66]

A. 각 대문자 사본의 소개

A.1 바티칸 사본(Codex Vaticanus)

---

64) 구텐베르크[Gutenberg, Johannes,1398-1468]:독일의 기술자, 활판 인쇄술의 발명자로서, 주형으로 활자를 만들고 인쇄기를 발명하였다.
구텐베르크 성경[Gutenberg 聖經]:15세기, 구텐베르크가 인쇄한 라틴 어 성경, 한 쪽에 42줄로 인쇄가 되어 있어 42줄 성경이라고 부르기도 한다(Daum 국어 사전).
65) 해리슨 박사(E. F. Harrison)는 현재 본존된 사본의 형태는 각각 크고 작은 모양대로 되어 있고 그 수가 너무 많고, 또 학자 마다 추산되는 수가 각 모양이 매우 다채롭다고 밝힌다.
66) 대문자 사본들 중에서도 다음 몇 개는 최신의 것들로 신약성경 본문연구에 기본적인 것으로 본다. "소문자 사본"(Cursive Mss)은 제9세기 이후의 것이며, 제2의적인 것이고, 숫자를 표시한다.

콘스탄틴 대제(Constantine the Great, 272-337년)는 송아지 가죽의 미려한 성경 50부를 제작하여 각지 교회에 배부했는데 바티칸 사본이 바로 그 때의 성경으로 믿어지고 있다. 바티칸 도서관이 창건될 때(1481년)부터 소장된 것으로 추측하며, 제4세기의 것이며, 가장 오래되고, 가장 권위적인 성경으로 인정된다.67)

A.2 시내산 사본(Codex Sinaiticus)

역시 4세기의 것으로 자체가 아름답게 보존된 것이다. 신약의 전부와 구약의 대부분, 또 외경의 일부까지 389매에 달하는 대사본이다. 티센도르프(Tischendolf) 교수가 시내산에 위치한 [성 카타리나 수도원]에서 발견했다.68)

티센도르프는 첫 번째 방문에서 사본 일부를 얻었고, 2차와 3차에는 실패했다. 세 번째 실패 후 산에서 내려가는 길에 그냥 돌아가면 다시는 못올 수 있다는 영감 같은 느낌으로 마지막 등산했다. 이른 새벽에 수도원에 들어설 때 수도원 지기가 불을 피우기 위해 무언가 한 아름 안고 있는 것을 포착하게 된다. 그것을 태우기 직전, 살펴보니 바로 '시내 산 사본이었다'는 기적담(奇跡談)이 있다.

A.3 알렉산드리아 사본(Codex Alexanderinus)

코이네 사본 중 가장 오래된 것으로 5세기 중엽 이집트에서 기록되었다. 각 매 마다 2단으로 된 822매 였으나 773매 만 남아있다. 그 중 신약 성경이 143매를 차지하고, 거기에 클레멘트의 두 서신이 포함되어 있다.69)

---

67) 2.75×2.75cm의 양피지에 3단으로 된 759매의 대사본이며, 구약의 전체가 있으나 신약은 일부(히 9:14 이하, 목회서신, 빌레몬, 계시록 등)가 결절되어 있다.
68) 독일의 티센도르프(Tischendolf, 1815-1874) 교수가 1844, 1853, 1859년 등 세 번에 걸쳐 시내산 성 카타리나 수도원을 방문하여 발견했다. 그는 이 '시내산 사본'을 러시아 황제께 바쳤다. 그 후 성 베드로스붉(레닌그라드)에 보관되어 있다가 1933년 런던의 대영 박물관으로 옮겨졌다.

A.4 에브라임 사본(Codex Ephraeimi)

이 사본을 '이중 사본'(Palimpsest)이라 한다. 이 사본은 5세기의 성경사본 위에, 12세기에 시리아의 에브라임 교부의 설교를 다시 쓴 것을 티센도르프 교수가 원문을 환원한 것이다. 5세기에 이집트에서 성경 전체를 사본한 것으로 구약 64매, 신약 238매 중 145매가 남아 있다. 이 사본은 바티간 사본과 내용이 비슷하다.70)

A.5 베자 사본(Codex Bezas)

가장 오랜 이중 사본이며 406매로 되어 있다. 5세기 말, 또는 6세기의 것이었으나 그 위에 존 칼빈의 조수 베자의 설교가 기록되었다. 각 면에 헬라어와 라틴어로 같이 기록되었고, 복음서의 편집순서는 요한, 누가, 마가 순이다.71)

A.6 워싱턴 사본(Codex Washington)

4세기 또는 5세기의 것으로 각 매가 1단으로 되어 있다. 1906년 데트로이트의 프리어(C. L. Freer)가 이집트에서 발견하였다 하여 "프리어 사본"이라고도 한다. 양피지 187면으로 복음서의 순서가 서방교회의 순서를 따라 마태, 요한, 누가, 마가로 편집되어있다.72)

A.7 코리데디아누스 사본(Codex Koridethianus)

7세기 내지 9세기의 것으로 카스피아 해에 위치한 코카사스 산 [코리데디아누스의 수도원]에서 발견되었다. 4복음서만 있고, 그 순서는 마태, 누가, 요한, 마가로 되어 있다.73)

---

69) 현재 이 사본은 런던의 대영박물관에 보존되고 있다.
70) 이 사본은 이미 쓰여진 사본 위에 다른 것을 또 쓴 것. [이중 사본]이라고 불린다. 현재 파리의 국립도서관에 보존되고 있다.
71) 이 사본은 현재 영국 케임브리지 박물관에 소장되어 있다.
72) 현재 워싱턴의 스미스소니안 박물관(Fereer Museum of the Smithsonian lustitution)에 소장되고 있다.
73) 이 사본은 현재 러시아의 티플리스(Tiflis) 박물관에 소장되고 있다.

A.8 라오디아누스 사본(Codex Laudianus)

6~7세기의 것으로 헬라어와 라틴어로 병기된 사본으로 사도행전의 사본이고, 사도행전 8:37(에티오피아인의 고백)을 가진 가장 오랜 사본이다.[74]

A.9 클라로몬타누스 사본(Codex Claromontanus)

5~6세기의 것으로 역시 헬라어와 라틴어가 병기된 사본으로 프랑스의 클레몽(Clermont)에서 베자가 발견하여 한때 베자 사본에 소속되기도 했다. 바울 서신 13개가 있다.[75]

B. 소문자 사본들(The Cursives)

이 사본은 초서체로 쉽게 읽을 수 있게 되었으며, 현재 2,300본 이상이 보존되어 있다. 9세기 이후의 것으로 등한시되었으나 일부 학자들(vonsoden같은)의 노력으로 신약 본문 연구에서 그 입장이 점차 중요시되고 있다.[76]

3. 고대 헬라어 이외의 번역 성경

A. 고대 성도들의 성경에 대한 경외심

A.1 성경의 본문 재현을 위하여 고대 사본들 다음으로 중요한 것은 고대 헬라어 이외의 언어로 번역된 성경들이다.

---

74) 캔터베리의 대주교 라우드(Laud)가 소유했던 것을 옥스퍼드에 기증하여 보들레이안 도서관 (Oxford Bodleian Library)에 소장되어 있다.

75) 현재 파리의 국립도서관에 있다.

76) 소문자 사본은 'Ferrar군', 'Shin군', '1번군' 등의 3군으로 나누어진다. 소문자 사본은 숫자로 표시되나 가령 17과 같은 것은 대문자 사본이 BPL과 일치하여 '소문자 사본의 여왕'이란 별명까지 얻게 되었다.

A.2 번역 성경 중에서도 라틴 역, 시리아 역, 콥틱 역 등이 중요한 다른 언어 번역 성경으로 꼽힌다. 번역물 중에는 가장 오래된 바티칸 사본보다 몇백 년이나 앞선 것들도 있어서 그 가치가 더욱 존중되고 있음을 말해주고 있다.

A.3 고대(古代) 성도들이 성경에 대한 경외심이 그대로 다른 언어 번역 성경을 대하였으므로 그 가치는 중요한 것으로 사료되고 있다.

B. 고대 헬라어 이외의 번역 성경

B.1 고 라틴 역(The Old Latin Version)

이 번역 성경은 제롬의 벨게이트(The Vulgate of Jerome) 이전의 라틴어 성경으로 70인역(LXX)에서 번역한 것으로 추측된다. 키프리안(Cyprian), 터툴리안(Tertullian) 등이 애용하였으나 벌게이트 이후 빛을 잃게 된다.[77]

B.2 시리아 역(The Syriac Version)

시리아 역본은 '페쉬타'(Peshitta)는 '일반' 또는 '간단 명료함'을 뜻하는 의미가 있다. 古 시리아 역을 개량한 것으로 내용이 원문에 충실하고, 문장이 명료하며, 고상하여 '번역의 여왕'이란 칭호를 받는다. 고대 시리아역 중에는 6종이 있다.[78]

B.3 제롬의 벌게이트 역(Vulgate of Jerome)[79]

---

77) 고 라틴 역 성경은 그 종류가 40여 종이나 되어 아프리카 형, 유럽 형, 이탈리아 형 등으로 집성된다.

78) 고대 시리아역 중에는 1. Dietessaron역(170년경, Tatian이 4복음서를 종합하여 단일화한 역본) 2. 고 시리아역(시내산에서 발견한 Syr sin과 이집트 사막에서 발견된 Syr cur) 3. Philoxenus(2세기경 Maddug의 감독 필록세누스가 번역한 것) 4. Chaklensis(Philoxenus을 수정한 것) 5. 팔레스틴역 6. Peshitta 등 6종이 있다.

79) 교황 다마수스(Damasus, 366-384)는 새로운 라틴어 성경번역을 제롬에게 명했다. 이유는 라틴어 성경이 40여 종으로 복잡하고 많기 때문이었다. 벌게이트 역은 '고 라틴 역'처럼 70인역(LXX)의

교황 다마수스(Damasus)의 명을 받은 제롬은 383년 베들레헴 동굴에서 성경 번역에 착수하여 22년 후인 405년에 완성하였다. 그의 번역 성경은 처음에는 잡음들도 있었으나, 곧 그 가치가 인정되어 가톨릭교회의 '공인 성경'이 되고, '벌게이트'(Vulgate) '통속'이란 뜻을 지니고 있다. 이 성경은 곧 현대에 까지 이른다.

B.4 콥트어 역(The Coptic Version)

'콥틱'이란 고대 이집트어를 가리키면서 콥트어 역은 크게 3종 번역어로 나뉜다.

①사히딕 어, ②보하이릭 어, ③바스뮤릭 어이다. 그 외에도 대 아르메니안 역, 에티오피아 역, 바사 역, 아라비아 역, 고오트 어 역 등이 있으며 이것들 대부분은 단편적이다.80)

영향을 많이 받아 히브리어 구약성서에 없는 14권을 첨가하고, 제롬은 이들을 정경에서 구별하기 위해 "외경"(Apocrypha)이란 명칭을 붙인 것이다. 제롬의 외경은 1546년, 트렌트 회의(Trent Council)에서 구약의 정경으로 인정되었다.

80) 그것은 1. 사히딕(Sahidic) 어(나일강 상류 룩소, Luxor 지방어) 2. 보하이릭(Bohairic) 어(나일강 하류 델타 지방어) 3. 바스뮤릭(Basmuric) 어(중부지방어)의 3종이다. 이 성경 외에도 아르메니안 역(The Armenian Version), 에티오피아 역(The Etiopian Version), 바사 역(The Persian Version), 아라비아 역(The Arabian Version), 고오트어 역(The Gothic Version) 등이 있다.

제4장

신약 성경의 형성과 정경

Formation and Canon of New Testament

ⅰ. 이스라엘 역사의 정치적 배경
The Political Background of Israel

1. 이스라엘의 멸망

A. 북 이스라엘의 멸망

A.1 북쪽 이스라엘이 멸망하기 시작한 것은, 앗수르의 침입 (Asshur-노아의 자손. 셈의 아들인 Asshur가 창건한 나라), 디그랏 빌레셋 3세 때부터 북 이스라엘을 침략하기 시작하면서이다.[81]

A.2 B.C. 722년 북이스라엘의 수도 사마리아가 포위되어 마침내 멸망한다(살만에셀 5세 때).

A.3 유대인을 국외로 추방시키고 많은 이방인들을 이스라엘로 이주시켰다.

A.4 이방인 결혼이 성행하고 북이스라엘은 이방신을 섬기는 불신앙을 보였다.

B. 남 유다의 멸망

B.1 바벨론이 남유다(남이스라엘)를 침입한다(바벨론Babylon은 함의 손자 나므릇이 건설한 나라).

B.2 바벨론의 느브갓네살 왕이 남 유다를 정치적 통치(B.C. 605)하면서 예루살렘 성전의 기물을 몰수하고 다른 전리품과 함께 포로를 잡아갔다.

B.3 남 유다는 B.C. 586년에 그 당시 세계를 제패한 바벨론 왕국에 완전히 망하고 만다.

B.4 그후 바벨론이 바사(페르시아)의 고레스 왕에게 멸망(B.C.538)하고 스룹바벨의 제1차 귀환 때(B.C.535)까지 이스라엘 백성은 바벨론에서 70년간 포로 생활을 하게 된다(B.C. 605-535).

C. 남 유다의 멸망 후 중요 사건

C.1 회당(Synagogue)의 성립-바벨론에서 포로 된 이스라엘 백성들

---

81) 창세기10:22, 역대상1:7에 기록된 셈의 아들들 가운데 한 사람이다. 그로부터 앗수르 민족이라는 이름이 등장하게 된다. 다른 동일인의 다른 이름은 Assur으로도 불린다.

이 예루살렘 성전을 대신하여 예배드리는 장소는 회당이 되었으며 후에 바울 선교활동의 중심이 되었다.

C.2 서기관 제도(Scribe)가 생김-서기관은 전문적 율법해석을 하는 율법교사이다. 제사장들이 성전에서 예배를 인도할 수 없으므로 성전에서 예배와 그와 관계된 직책을 수행하는 업무를 전담하게 했다.

C.3 디아스포라(Diaspora)의 형성-해외에 흩어져 사는 유대인을 지칭한다. 유대인의 디아스포라의 형성은 그들이 나라를 잃고 세계에 떠돌아다니는 유랑시절부터 이미 디아스포라가 형성되었다.

C.4 이스라엘 국가가 남유다와 북이스라엘로 분단된 후에 차례로 멸망되면서 남유다는 신앙의 정절을 지키며 국제결혼 거부하고 종교적 공동체를 유지했다.

ii. 신약성경의 저작 상황

1. 서 론

A. 신약성경의 저작(기록)

A.1 신약성경은 모두 27권이다. '장'(chapter) 수는 모두 260장이며, '절'(verb)은 7,959절에 이른다. 약 9명의 저자가 약 100여 년 동안 기록했다.

A.2 신약성경의 내용은 복음서, 사도행전, 서신서 그리고 계시록으로 4구분으로 나뉜다.

B. 신약성경의 저자(기록자)

B.1 신약성경의 모든 저자는 '누가'를 제외하고는 모두가 유대인 들이다.82)

B.2 마태, 베드로, 요한, 이 세 사람은 예수님의 12제자에 속한 자들이며, 예수님께서 친히 그들에게 3년의 공생애 사역을 하면서 하나님의 계시와 천국의 비밀, 그리고 복음의 능력에 사로잡혀 전도 활동을 감행한 12사도에 속한 주역들이다.

B.3 마가, 유다, 그리고 야고보는 초대교회에서 활동한 사람들이 거나 또는 예수님께서 십자가에 못박히시기 전부터 그들을 제자 삼 아 예수님께서 3년의 공생애 사역을 함께한 사도들이며 복음활동을 했던 사람들이다.

B.4 누가와 바울은 예수님의 사역을 직접 함께하거나 목격한 사 람은 아니다. 또 예수님과 사역현장에 동행하지 못했으나 예수님께 서 직접 사명을 주시거나 복음사역을 이어받아 그 현장에서 동역했 던 사람이다.

B.5 히브리서의 저자는 누구인지 밝혀줄 확실한 근거가 없다. 독 특하게 신약 27권 중 히브리서 저자만이 누구라고 아직 밝혀지지 않고 있는 신비에 싸여있다.

---

82) 유태인(猶太人, a Jew) : 기원전 2,000년경 메소포타미아에서 이스라엘(현, 팔레스타인)로 이주하 였으며, 히브리 어(a Hebrew)를 쓰는 민족. 바벨론 유수(幽囚) 이후 자손은 세계 각지로 유랑하 여, 그 땅의 인종, 민족과 혼교(混交)를 거듭하여 왔기 때문에 형질, 문화, 종교는 다양하다. 19세 기 말 시오니즘 운동이 일어나 1948년 옛 땅에 이스라엘 공화국을 세웠다. '유태(猶太)'는 '유대 3(Judea)'의 음역어이다.

2. 복음서

A. 복음서 개요

<Table-7>　　　　　　　**복음서 개요**

저　자	책　명	저　자	책　명
마 태	마 태 복 음	**마 가**	마 가 복 음
누 가	누 가 복 음	**요 한**	요 한 복 음
	사 도 행 전		요한1,2,3/ 요한계시록
야고보	야고보서	**유 다**	유다서
바 울	로마서/고린도전,후서/갈라디아서/에베소서/ 빌립보서/골로새서/데살로니가전,후서/ 디모데전후서/디도서/빌레몬서		
?	히 브 리 서	**베 드 로**	베 드 로 전,후 서

A.1 신약성경에서 처음 부분에 구성된 부분을 복음서라고 하며 4가지 책으로 구성되어 있다.

A.2 복음서 중 다음 3가지를 '공관복음서'(Synoptic Gospels)라고 부르고 있다.

　-마태복음,

　-마가복음,

　-누가복음을 지칭한다.

B. 공관 복음서 의미와 기록

공관복음서는 그리스도의 생애와 교훈인 복음을 '같이 본다'란 뜻을 담고 있다. 이 3가지는 대동소이하여 공통점이 많다. 공관복음서의 저작연대는 주후 70년, 즉 예루살렘이 로마군에게 함락되기 이전을 전후하여 기록되었다.

C. 요한복음

공관 복음서 다음의 신약의 책으로서 마지막 구성된 복음서 중 요한복음은 내용도 다르고, 문체도 다르다. 요한복음은 약 30년이 경과하여 공관복음서가 전 교회에 배포된 이후 90~100년 어간에 기록되었다고 보고 있다.[83)

3. 6개의 서신 기록

A. 신약성경 중 최초 기록-데살로니가전서와 데살로니가후서

신약성경 중 최초에 기록된 성경은 바울이 기록한 데살로니가전서였다.[84)

A.1 사도 바울의 제2차 전도여행 중 데살로니가 지방의 전도를 끝내고(행 17:1-9),

A.2 베뢰아와 아덴을 거쳐 고린도에 이르렀을 때(행 18-1),

A.3 데살로니가교회가 종말론에 지나치게 열중한다는 소문을 듣고,

A.4 이를 시정하기 위해 주후 53년경에 고린도에서 본서인 데살

---

83) 요한복음은 당시 사도 바울이 활발하게 사역하던 에베소에서 기록된 것으로 믿어진다.
84) 혹은 갈라디아서 선재설, 또는 마태복음 조기 제작설 등이 있다.

로니가전서를 보냈고, 뒤이어 데살로니가후서까지 보냈다.

B. 갈라디아서 기록

사도 바울은 제2차 전도여행을 끝내고 선교의 본거지인 안디옥에 돌아와서 갈라디아서를 기록하였다.

C. 고린도전서 기록

사도 바울은 제3차 전도여행 중 에베소에서 고린도전서를 기록했다. 이 시기가 바울에게는 세 번의 세계전도여행 중에서 소아시아의 에베소 지방이 가장 치열했던 사역 기간이기도 하다.

D. 고린도후서 기록

사도 바울은 아시아 지역인 에베소를 떠나 유럽의 마게도냐에 이르렀을 때(고후 6:7) 고린도후서를 기록했다.

E. 로마서 기록

제3차 전도여행의 종착지인 고린도에서 3차 전도여행을 마친 바울은 제4차 전도지로 당시 세계의 수도인 로마를 바라보며, 그 준비서로 로마서를 기록하였다. 바울은 3~4차 전도여행 중 초기 6개의 서신을 기록했다.

4. 옥중서신 기록-4권

A. 바울의 로마 전도여행 중 옥중서신 기록

그 후 사도바울은 예루살렘에서 체포되고, 가이사랴에서 2년간의 옥고(獄苦)를 겪은 후 로마로 호송되었다.

B. 로마에서 다시 2년 간의 옥중생활을 보낸다.

옥중생활 속에서 옥중서신 4권을 기록한다. 다음 소개되는 옥중서신 4권이 바로 그것이다.

첫째 에베소서,

둘째 빌립보서,

셋째 골로새서,

넷째 빌레몬서를 기록하였다.

5. 목회서신 기록-13권

A. 현장 교회 공동체를 위한 목회적 서신

잠시 석방되어 동방과 서방(서바나) 전도를 하면서 디모데전서와 디도서 등 목회서신 2서를 기록하여 영적인 제자 디모데에게 보낸다. 재차 체포되어 마지막으로 디모데후서를 기록한 후 주후 66~67년경 베드로와 함께 네로에 의해 순교한 것으로 보고 있다.

B. 목회적인 서신 13권의 기록

사도 바울은 소위 '바울서신'이라고 불리는 13가지 서신을 기록하게 된다.

B.1 바울은 분주한 선교여행의 틈을 타서 혹은 피선교 교회의 사정이나 질문에 따라 혹은 새 선교지를 위한 준비작업으로 황급히 붓

을 들어 기록하였다.

　B.2 바울이 기록한 13가지 서신들은 선교의 서신이요, 현장 교회 공동체를 위한 목회적인 서신들이었다.

6. 공동서신 기록

A. 바울서신 이외의 서신들

사도 바울이 기록하지 않은 신약의 서신은 '공동서신'(The Catholic Epistles)이란 이름으로 불려진다.

B. 공동서신의 저작연대

공동서신의 저작연대는 복음서의 경우처럼, 요한서신 1서, 2서 외에는 예루살렘 함락(A.D. 70년) 이전에 각 현장에서 기록되었으며, 요한서신 3서는 95~100년경에 에베소에서 기록된 것으로 보고 있다.

　히브리서는 모든 점에서 특이한 서신이다.

　B.1 본서는 예루살렘 함락(70년) 직전에 기록되었다고 추측된다.

　B.2 본서의 저자나 저작 장소를 확실하게 규정지을 수 없다.

　B.3 본서의 내용이 그리스도의 절대성을 논하는 변증서라는 점에서 특이한 서신이라 할 수 있다.

7. 역사서 기록

A. 사도행전 기록

사도행전은 복음서와 서신들 중간에서 그 전환적 역할을 하는 것으로서 마치 강과 바다를 연결하듯 신약과 구약의 강과 바다를 연결역할을 해주는 신약에서의 역사서로 불린다.

A.1 본서는 A.D.60~70년 사이에 바울과 베드로가 순교하기 직전에 로마에서 기록된 것으로 본다.

A.2 본서는 사도 바울과 함께 선교사역의 동역자 누가에 의해 기록되었다.

B. 신약성경의 각 서신의 특이한 점

B.1 사도 바울은 그의 첫 서신인 데살로니가전서에서 "모든 형제에게 이 편지를 읽어 들리라"(살전 5:27) 하였고,

B.2 2세기의 교부 유스티누스(Justinus, 100-167)는 "사도들의 각서인 복음서가 구약성서와 함께 교회에서 낭독된 것"을 전하고 있다.

B.3 즉 4복음서에 사도들의 서신들이 불원간에 교회에 구약성경과 같은 권위의 성경으로 받아들여졌다(벤후 3:15-16 참조).

B.4 신약 성경의 각서는 그 수신자에게 전해졌을 것이나 사도 바울은 수신자 외에도 그의 서신을 읽기를 권하고 있다(골 4:16).

B.5 신약의 각서는 회장(回章)이 되어 각처로 전해져 초대 그리스도인의 신앙과 생활의 지도역할을 했을 것이다.

B.6 그러기 위해서 신약 성경 각서各書의 사본작업이 성행되었을 것이다. 사방에 산재하게 된 신약 성경의 각서를 전체적으로 그리고 자연스럽게 집대성하려는 노력이 각처에서 일어나게 된다.85)

i. 정경의 정의

Definition of Canon Formation

1. 성경의 주체

A. 기독교(Christianity)의 유일한 믿음의 대상이신 하나님이 주셨던 계시가 성경이라고 한다.

---

85) 이이 사방에 산재하게 된 신약 성경의 각서를 복음서별로, 혹은 서신별로, 그리고 혹은 그것들을 종합하여 전체적으로 집대성하려는 노력이 각처에서 일어나게 된 것은 자연스런 현상이었을 것이다.

B. 이 성경은 어느 한 저자가 장문의 단일한 책을 쓰는 식으로 기록된 것이 아니다. 성경은 하나님의 계시로서의 권위를 갖는 66권의 책으로 구성된 일종의 전집물 형태이다.

C. 약 40여 명의 성경의 기록자들이 각기 개성, 교육 정도, 시대, 공간적 배경을 달리하는 성경이라는 전집물(全集物)을 만들려는 의사가 전혀 없이 각각 기록한 것이다.

D. 이는 표면적인 현상일 뿐이고 사실은 하나님이 그 배후에서 성경의 모든 내용의 주체(主體)가 되시고 성경기록 과정에서도 영감(inspiration)으로 간섭하셨다.

E. 성경 66권의 직접적인 저자는 모두 다 하나님 한 분이시다. 그리하여 성경은 형식적으로는 66권이지만 내용적으로는 1권의 책이다.

2. 정경론

A. 성경의 '정경론'(正經論)을 증명하게 되면 자연히 다음과 같은 문제(issue)가 제기된다.

B 왜 그 많고 많은 문서 중에서 굳이 66권만 성경인가 하는 의문이 그것이다. 66권 각 권은 어떤 기준에 의해서 성경임이 증명될 수 있는가? 그 기준 자체는 정당한가? 하는 의문이 가능하다.

C. 이상의 문제와 관련된 연구가 '정경론'(Canonics)이다.

C.1 '정경'(Canon)에 해당하는 원어는 '카논'χανων이다. 카논은 원래 '갈대', '긴 나무 가지'라는 뜻이다.

C.2 정확한 '자'(尺), 즉 길이를 재는 도구가 없었던 고대에는 이런 것들을 자의 대용품(代用品)으로 삼았었다.

C.3 카논은 결국 어떤 것을 재는 기준(基準), 척도(尺度)라는 뜻을 가진다.

C.4 기독교는 성경이 성도의 인식과 행위의 척도가 된다는 측면에서 그 영감성과 계시성이 인정된 성경을 '정경' 곧 '카논'이라고 부른다.

C.5 66권만을 정경이라고 부를 수 있는 근거-정경의 기준을 연구하고,

C.6 정경의 기록 및 수립-즉 정경의 형성과 전승 과정을 밝힌 것이다.

C.7 정경으로서 성경의 절대적 권위를 확립하고자 하는 연구를 '정경론'(Canonics)이라 부른다.

ii. 정경의 기준
Definition of Canon

1. 정경의 근거

A. 성경이 기준으로 하는 근거는 어디에 있는가? 유독 66권의 성

경만이 정경으로 인정되는 근거 또는 기준은 무엇인가?

B. 이 물음에 대하여 답하는 방식은 객관적으로 확실성을 줄 수 있는 속성이 성경 66권에 내재(內在)하여 있음을 확인하는 길이 최선이다.

C. 성경 66권은 모두 다음과 같은 기준에 의하여 실제적으로 그 정경성이 인정된 책들이다.

D. 오직 성경만 고유한 것으로서 정경을 결정하는 원리로서의 사용된 기본 속성들을 요약해 보면 다음과 같다.

E. 신약 성경이 정경으로서 결정된 시기는 동방교회가 A.D. 382년 로마 전체 회의에서 정경목록을 작성했다.

F. A.D. 395년 칼타고 회의에서 신약 성경 27권과 그 목차를 확정한 것이다.

G. 신약 성경 27권이 현재의 모습으로 결정된 것은 A.D. 397년의 제3차 칼타고 회의(The Third Synod of Carthago)에서부터 였다.

2. 정경 결정의 원리

A. 사도성(Apostolic Origin)이다

A.1 예수님께서 사도들인 12제자를 구별하여 세워 그들로 하여금 복음을 전하고 초대 교회를 지도하게 하셨다.

A.2 12사도가 교회를 가르칠 때 처음부터 교회 안에서 권위 있는 말씀으로 받아들였다.

A.3 사도들이 기록했던 서신서-편지 같은 말씀들은 교회에서 읽혀지고 성도들은 독특한 권위로 인정한 것이다.

A.4 사도 바울이 참된 영감을 받아 기록한 것을 고린도교회의 편지로 보냈다고 로마의 클레멘트는 말했다.

A.5 서방교회에서는 교회의 여러 지도자들에 의해 사도 요한이 계록의 저자로 입증되어 정경으로 받아들여 졌다.

B. 영감성(Inspration)이다.

B.1 성경을 기록한 저자가 성령의 감동을 받아 기록한 책이라는 증거가 나타나야 정경으로 받아들였다.

B.2 본문 전체가 하나님의 계시로서 일점 일획도 틀림없이 영감으로 기록된 사실, 즉 그 내용의 신적 기원이 인정될 수 있어야 한다.

C. 보편성(Universality)이다.

C.1 초대교회들이 이의 없이 하나님의 말씀으로 받아서 예배 때 읽었다(살전 5:27).

C.2 성도의 생활과 믿음의 표준이 되는 말씀으로 받아들인 책을 정경으로 받아들여 졌다(딤후 3:16).

C.3 시간이 지나면서 신약성경 27권을 진리가 보편성을 갖는가? 를 확인하면서 정경으로 보면서 하나님 말씀으로 받아들여 여러 교회가 돌려가면서 읽었다(골 4:16).

D. 목적성(Purposiveness)이다.
말씀의 내용 자체와 그 기록이 인간 구원을 위한 하나님의 뜻을 전달하는 데 있어서 기본적인 목적이 있어야 한다.

E. 신뢰성(Credibility)이다.

E.1 하나님의 영감을 받고 쓴 인간 저자의 신실성(credibility)이 입증되어야 한다고 한다.

E.2 저자의 하나님에 대한 진실성과 성경의 기록자로서 하나님께서 흔연히 인정하셨는가의 의문에 관한 문제이다.

E.3 구약의 경우 하나님의 소명과 기름 부음, 신약의 경우 사도성이 바로 이에 속한다.

F. 보존성(reservation)이다.

F.1 성경 원본의 권위에 근거하여 그 본문이 신적 간섭에 의하여 훼손됨 없이 전달되어졌는가? 하는 보존과정의 완전성이 요구된다.

F.2 우리는 성경 66권 자체는 교회가 그것을 확증 공포하기 이전에도 정경이었음을 명심해야 한다.

F.3 교회의 인증이란 결국 성경의 내적 속성(內的 屬性)에 대한 외적인정(外的 認定)에 불과한 것이기 때문이다.

3. 성경의 자체 권위 인정

A. 실제로 성경 66권이 완전히 수집 공인公認되기까지에는 일부 책-각권의 신약성경들에 대하여 논란이 있었으나 이는 인간 교회가 임의로 정경이냐? 아니냐?를 정하는 과정이 아니다.

B. 오히려 분명한 내적 속성을 공고히 확증하기 위한 작업 과정에 불과하였다. 즉 성경은 교회가 이를 정경으로 인정해서 정경인 것이 아니라 그 자체가 권위를 스스로 인정하게 되었다.

C. 이미 하나님의 섭리에 의하여 그가 계시를 말씀으로 보내므로 기록되었고 또 하나님께서 이 사실을 인간이 발견, 순복하도록 섭리하셔서 정경(正經)으로 있게 되었다.

iii. 정경의 형성
Formation of Canon

1. 기록과 수집과정

A. 정경 곧 성경 66권은 첫 책이 기록됨으로 시작하여 마지막 책이 기록됨으로써 종결終結되었다. 그러나 정경의 형성이란 기록의 종결 이상을 뜻하는 것이다.

A.1 기록-성령의 영감으로 하나님의 계시를 기록한 인간 저자집필.
A.2 수집-기록에 대한 정경 확립 이전 시대 성도들의 평가.

A.3 공포-공의회를 통한 교회의 공식적 인정과 선포.

B. 이상의 전 과정을 통하여, 기록과 수집 및 공인의 전 과정을 '정경의 형성'-Formation of Canon이라고 표현한다.

C. 실제에 있어서 성경 각 권이 기록이 완료된 시기時期와 정경으로 공인된 시점(時點) 사이에 상당한 시간적 격차가 있는 것이 대부분이었다.

D. 한편 교회사를 돌이켜 볼 때 우리가 사용하는 정경이 수집되게 된 직접적인 동기가 파노라마처럼 전개되었던 것을 볼 수 있다.

D.1 숱한 외경과 위경의 등장으로 정경에 대한 권위가 엄청난 손상을 입은 때도 있었다.
D.2 기독교 사상과 이단 사설을 정경에 교묘히 접합시킨 이단 사상의 등장으로 인하여 성경은 곡해되고 변질될 위기에 처하게 되었다.
D.3 성경에 대한 변증적 차원에서 참 하나님의 말씀이 정경이라는 범위를 확연히 구분할 필요성이 발생했다는 사실이다.

iv. 정경의 형성 과정-구약

2. 얌니아 랍비 회의-A.D. 90년경

A. 공식적으로 현재의 구약 39권만 정경으로 밝힌 최초의 경우는 A.D. 90년경의 얌니아 랍비 회의이다.

B. 이미 그 이전에 예수님께서 구약 전체를 지칭하면서 '아벨에서부터 사가랴 까지'라는 말씀(눅11:51)을 주신 것은 A.D. 90년 이전에도 이미 구약 정경의 범위에 대한 확증이 있었다는 결정적 암시가 된다.

C. 아벨의 기사는 창세기에 있고, 사가랴의 기사는 역대하에 있는데 히브리 인의 구약 분류 방식 상 창세기는 그 '첫 권'이고 역대하는 '마지막 권'이기 때문이다. 따라서 눅11:51의 표현은 결국 구약 전체의 범위가 이미 확증되어 있었음을 암시하는 증거로 채택되는 것이다.

3. 포로 이후시대-B.C. 440년경

A. 정통주의 신학자들은 성경의 기록과 이스라엘 역사의 정황을 면밀히 검토한 후에 구약 정경의 형성 시기를 포로 이후 시대인 B.C. 440년 경으로 추정하고 있다.

B. 이 시기는 '포로 귀환시대'로서 느헤미야의 행정력, 외교적 지도력과 에스라의 종교적 지도력 아래에서 언약 백성으로서의 이스라엘의 지위가 회복되던 시기이다.

C. 이런 시대적 상황에서 학사 에스라와 당시의 장로 회의에 의하여 구약 정경의 범위가 확정되었을 가능성이 가장 높은 것이다.[86]

---

86) 사실 에스라 이후 시대, 즉 소위 '신구약 중간사 시대'에는 상당히 풍부한 역사적 기록이 남아 있음에도 이스라엘 민족의 종교적 특성상 민족적 대사건이 분명한 정경 확립에 대한 기사가 전혀

D. 구약분류 삼 단계 방식 주장–단계별 향성 이론

D.1 이 주장은 성경 고등비평 학자들이 내세우는 것이다. 히브리 인들의 전통적인 삼 단계 구약 분류 방식을 들어서 구약이 정경으로 형성되었다고 주장한다.

D.2 즉 율법(토라), 예언서(네빔), 성문서(케투빔) 이상 세 분류 방식의 순서가 구약의 정경 형성의 순서를 반영한다고 말한다.

D.3 율법은 B.C.400년, 예언서는 B.C.300 ~200년, 성문서는 B.C. 165 ~ 100년경 각각 수집과 편집이 끝나 정경으로 인정되었 다는 소위 단계별 형성 이론이 그것이다.

D.4 그러나 이는 신빙성이 없다. 하나님 계시의 말씀인 성경을 근본적으로 성경을 인간 이성의 잣대로 판단하기 때문이다.[87]

D.5 구약 39권의 기록연대의 차이를 말할 때, B.C.1400년경 모 세 오경의 기록을 시작으로 B.C.400년경의 소선지서, 에스라, 느헤 미야 등의 기록에 이르기까지 약 1000년의 시대 차이가 있게 된다 고 보고 있다.

D.6 기독교 입장에서 구약 39권 외에 다른 성경을 정경으로 인 정할 수가 없다. 그러나 다른 종파의 주장에 따라한다 해도 이 정도 의 기록연대 차이는 날 수 있을 것이라 사료 된다.

없었다. 그리고 이미 정경의 범위가 확정된 상태임을 암시하는 기사만이 남아있는 사실도 이러한 사실을 반증反證한다.

87) 만약 고등비평학자들의 가설假說이 사실이라면 히브리인의 구약 분류 방식은 구약 정경에 관한 한 거의 철칙처럼 여겨져야 마땅하나 구약의 가장 중요한 역본인 70인역 Septuagint 조차 정경 의 범위에서는 일치하지만 분류 방식은 이를 따르지 않고 있다.

v. 정경의 형성 과정-신약

신약의 기록연대는 27권 모두가 A.D. 50-100년 사이 즉 50년 기간 동안 기록된 것이다.

1. 말시온 성경-Marcion Text, A.D. 140-170년경

A. 말시온 성경은 신약 성경을 집대성한 작업의 최초의 결실이었고 이것은 초대교회사에 나타난 한 역설적 사건이었다.

B. 그는 초대교회의 이단자 말시온Marcion이었다.[88] 그의 사상은 구약의 여호와 하나님과 신약의 하나님은 전연 다른 존재라 했다.

C. 말시온이 구성한 성경은 복음서 중에서는 누가복음 하나만(그것도 처음 2장을 제한 것) 인정했다. 또 바울서신은 10권으로만 인정하고 구성한 것이다.

2. 무라토리 성경-Muratorian Canon, or Fragment

A. 신약 정경 형성사에 큰 종적을 남긴 본서는 무명작가의 작품이었다.

B. 그 이름 '무라토리'는 본서의 라틴어 본을 밀라노 도서관에서

---

88) Ca. A.D. 100년경의 인물, 말시온은 본도Pontus인이었다.

발견하여 1740년에 발간한 이의 이름을 딴 것이었다.

C. 무라토리 성경은 현재의 신약 27권의 거의를 수록하였고, 다만 히브리서, 야고보, 베드로후서, 요한2서 3서, 유다 및 계시록의 7서를 문제 삼았다.[89]

D. 무라토리 단편 성경은 한때 서방의 가톨릭교회의 정경으로 받아들여지기도 했다.[90]

E. 이 성경은 신약 중 7권을 문제 삼은 것으로 보아서 기독교개신교 입장에서는 이를 정경으로 볼 때, 곤란한 문제가 야기될 수 있다.

3. 칼타고 정경-Carthago Canon, A.D. 397년

A. A.D. 4세기 중엽부터 신약의 정경이 확립되어야 한다는 정서와 함께 그 중요성을 깨닫게 되었다.

B. 동서 교회는 정경확립의 문제를 논의하기 위해 A.D. 363년 라오디게아 종교 회의, A.D.393년의 히포 종교 회의 등 주요한 종교 회의를 개최하였다.

---

89) 이 7서를 초대교회사가 유세비우스(Eusebius, 263-340)는 '7의서'(The Seven Doubted Books)라 했다. 동방의 희랍정교회는 페쉬타-Syriac Peshitta를 정경으로 받았다.

90) 이에 대한 유세비우스는 신약성경의 정경성을 논하면서 이 중에 '인정된 책'과 '문제된 책'으로 나누었다. 무라토리의 단편은 기독교-개신교 입장에서는 정경의 가치에 있어서 외경이나 그 이하의 참고로만 여길 뿐이다.

C. 신약성경 27권이 현재의 정경으로 결정된 것은 대략 300년이 지난 A.D. 397년의 제3차 카르타고 회의-The Third Synod of Carthago에서 였다.

D. 다시 1546년의 트렌트 회의-Trent Council에서는 이를 재확인 했다.91)

4. 초대교회 내에서의 정경 인정

A. 신약성경 27권은 기록된 이후에 당시 초대교회의 중요한 신앙의 원리와 이론 그리고 실천의 기준으로서 존중되었다.

B. 초대 교부들의 각종 기록과 교회와 관련된 각종 역사 문헌은, 신약 성경 27권이 처음부터 광범위하고 차원이 다르게 다른 일반 문헌들 보다 그 권위가 높게 인정되었다.

C. 초대교회 내에서 이미 신약 성경에 대한 정경의 가치를 스스로 인정하게 되었다.

D. 이러한 현상은 정경이 확립되기 이전에 그 시대를 살았던 성도들의 평가가 긍정적으로 작용되면서 자연스럽게 정경의 권위가 세워졌다.92)

---

91) 신약성경의 결정 시기는 동방교회가 382년 로마 전체 회의에서 정경목록 작성했다. 395년 칼타고 회의에서 신약성경의 27권과 그 목차가 확정되었다.
92) 한편, 신약성경이 인정을 받는 정서와는 달리 지역과 개인에 따라 어떤 책은 보다 더 존중되고 또 어떤 책은 그 정경성을 의심 받기도 한 것은 사실이다.

5. 두 교부의 분류 방식

A. 신약성경에 대한 정확한 정경의 지침이 있기 전까지는 오리겐 또는 유세비우스 등 영향력 있는 교부들의 분류방식이 매우 널리 유포되었다.

B. 두 교부는 교회에 전해오는 문서를 다음 'Homolo-guomena'호모루구메나93) 와 'Antile-gomena'안티레고메나94)로 크게 나누었다.

B.1 대략적으로 보면 '호모로구메나'에는 사복음서, 바울서신, 베드로전서, 요한일서, 사도행전, 요한계시록 등이 포함되었고,

B.2 '안티레고메나'에는 히브리서, 베드로후서, 야고보서, 요한이. 삼서 그리고 신약 외경 등이 포함 되었다.

B.3 한편 일부 교부들은 이 '안티레고메나'를 다시 구분하여 다만 그 정경성에 논란이 있다는 점과 그냥 '안티레고메나'와 전혀 그 정경성이 성립되지 않는다는 의미에서 '노다'noda로95) 세분하였다.

B.4 그리하여 전자前者는 히브리, 야고보, 베드로 후서 등이 분류되었는데, 이 책들은 지금은 신약 정경이지만 당시에는 논쟁의 대상 되곤 했던 책이다.

---

93) 이 용어의 뜻은 '공인된 또는 인정된 책들'의 의미를 담고 있다.
94) 이 용어의 뜻은 '이의가 있는, 논쟁 중인 책들'이라는 의미가 있다.
95) Noda : 이 용어의 뜻은 널리 알려졌으나 인정될 수 없다는 의미이다.
　　* 반면 '노다'에는 각종 신약 외경 문서들이 분류되었다. 이것은 일부 논쟁 대상이 된 책 들중 일부가 그 정경성에 있어서는 근본적으로 외경이나 그 밖의 문서들과는 본질적 차이가 있었음을 초대 교회가 처음부터 인정하고 있었음을 암시하는 사실이다.

제**6**장

외경 형성과 수집과정

Formation of Apocrypha &
Collection process

i. 외경의 형성

1. 가톨릭의 외경 형성과정

A. 구약 성경은 일찍부터 두 언어로 전승되어 왔다. 하나는 히브리어로 기록된 구약 성경이고, 다른 하나는 기원전 3세기부터 히브리어에서 헬라어-그리스어로 번역된 헬라 역 구약-칠십인 역-LXX, Septuagint이다.

B. 초기 기독교는 히브리어 구약성경 보다는 헬라어-그리스어 구약 성경-70인 역을 경전으로 받아들였다.96)

C. 거기에는 히브리어 구약 성경에는 없는 소위 '외경'外經이라고 하는 책들이 더 편집되어있기 때문이다. 나중 가톨릭교회 내에서 이 외경을 성서the Bible로 사용하게 된 것이다.

D. 1546년 트렌트 회의에서는 헬라어로 번역된 외경을 히브리어 성경에 들어 있는 39권의 책과 동일하게 영감 받은 권위 있는 경전으로 인정하게 된다.

D.1 히브리어 구약에 들어 있는 39권의 책은 이미 경전으로 전해져온 것이므로 이것을 경전으로 인정하고 있었다.

D.2 히브리어 구약 성서 37권과 헬라어 신약 성서를 합친 성경을, 가톨릭에서는 '제1경전' 혹은 '원경전-原經典,protocanonical'이라한다.97)

D.3 헬라어 구약에 들어 있는 나머지 책들은 늦게 경전이 되었다고 하여 '제2경전'이라고 부르게 된 것이다.98)

D.4 제2경전에 들어가는 외경이라는 책은 역사적으로 변천되어 왔다. 또 편집 형태에 따라, 책의 권, 수도 일정하지 않다.

---

96) 제2경전에 속하는 이러한 책들은 본래 유대교가 번역한 헬라어 역 구약성서인 '칠십인 역'에 들어 있던 것들을 초기 기독교가 받아들이고, 그것이 그대로 가톨릭의 경전이 된 것이다.

97) Reinhold Seeberg, *Text-Book of the History of Doctrines*, Baker Book House,Grand Rapids, 1952, p. 253.

98) 여기서 사용되는 '제1경전' '제2경전'이란 용어는 16세기 트렌트회의 이후부터 사용되기 시작했다.

E. 기독교-Protestant에서 '외경'-外經apocrypha이라고 부르는 것을,[99] 가톨릭에서는 '제2경전-deuterocanonical'이라고 부른다.

2. 공동번역 성서와 외경 형성과정

A. 1977년에 발행된 우리나라의 기독교의 자유주의 신학사상을 지닌 진보 진영의 신학자와 가톨릭 신부들이 번역한 '공동번역성서'의 외경 9권은 다음과 같다.

A.1 [토비트] [유딧] [에스델]-제1경전 에스더기의 추가부분.

A.2 [지혜서] [집회서] [바룩서] [다니엘서]-제1경전 다니엘의 추가부분.

A.3 [마카베오 상] [마카베오 하] 이상이다.

A.4 '바룩서' 안에 [예레미야의 편지]가 마지막장으로 편집되었다.

A.5 '다니엘서의 추가 부분'에는 [세 젊은이의 노래] [수산나] [벨과 뱀]이 수록되어 있다.

A.6 '영어개역표준성서-Revised Standard Version',1957에 실린 제2경전에는 [제1에스드라] [제2에스드라] [므낫세의 기도]가 더 있다.

B. 제2경전에 속한 책들이 제1경전과 합본된 것은 기독교의 작업이 아니라 유대교의 경전사와 관련된 것이다.

---

99) B. S. Childs, *Biblical Theology in Crisis*, Philadelphia, 1970.외경(外經)은 정경(正經)과 대비되며, 헬라어 형용사 아포크리포스(apokryphos:감추어진)에서 유래한 말로서, 원래 구약의 '70인역'에는 포함되고 히브리어 성경에 포함되지 않은 것을 가리키는 말로 쓰였다. 처음엔 문학적 용어로 일반 대중에는 금지된 책이었다. 이 말은 일반적으로 BC 2세기부터 AD 1세기 사이에 쓰여진 15권의 특별한 책들을 통칭하는 용어이다.

C. 히브리어 구약 성경에 익숙하지 않던 초기 기독교가 헬라어로 번역된 '칠십인 역' 구약을 읽게 되면서 거기에 들어 있는 제2경전에 속한 책들까지 함께 받아들이게 된 것이다.

D. 고대 라틴어 역 성서-Old Latin Version는 바로 '칠십인 역'에서 번역된 것이다. 교부들 사이에서도, 히브리어로 된 구약에는 없고 헬라어로 번역된 구약에만 나오는 책들에 대한 경전으로서 권위를 문제 삼았다.

E. 외경 중 일부인 [므낫세의 기도] [제1에스드라] [제2에스드라]는 불가타역 성서에 들어 있었음에도 경전으로 인정받지 못했다.100)

ii. 기독교의 성경과 관련하여

1. 기독교 성경-유대교와 다름

A. 기독교의 성경은 39권의 낱권으로 형성된 구약과 27권의 낱권으로 형성된 신약으로 구성되어 있다. 총 66권이다.

B. 기독교-개신교의 성경이 유대교의 경전과 다른 것은 구약 외에 신약을 더 가지고 있다는 것이다.

C. 구약의 경우 기독교나 유대교와 내용은 같지만, 책의 분책分冊

---

100) 따라서 불가타 역은 이 세 책을 부록으로 취급하여 별도로 편집하였고, 나머지 책들은 구약의 여러 곳에 적절히 재배치하였다.

'토빗트'와 '유딧'은 '느헤미야기' 다음에, '에스더기 추가 부분'은 '에스더기' 안에, '마카베오 상'과 '마카베오 하'는 '에스더기' 다음에, '지혜서'와 '집회서'는 '아가' 다음에, '바룩서'는 '애가' 다음에, '다니엘서 추가 부분'은 '다니엘서' 다음에 각각 편집해 넣었다.

과 배열配列이 서로 다르다는 것이다.

　D. 예를 들면 기독교에서는 '사무엘 상' 과 '사무엘 하'로 나누지만 유대교 경전에서는 '사무엘서'를 한 권으로 구성하고 있다.

　E. 책의 배열에 있어서도 기독교는 욥기, 시편, 잠언 등으로 편집되어있는데 유대교는 시편, 욥기, 잠언 등의 순서로 편집되어 서로 다른 특징이 있다.

2. 외경을 경건문학 정도로 받아들임

　A. 기독교가 외경을 받아들이는 점은 가톨릭과 완전히 반대 입장이었다.

　B. 가톨릭이 제2경전이라고 부르는 외경을 기독교에서는 경건 문학으로는 인정하여도 경전으로는 고백하지 않는다는 점이 확연하게 다르다.

　C. 가톨릭에서는 외경의 경전성 문제가 논의되어 오다가 '제2경전'으로 정착되었다.

　D. 기독교-개신교에서는 종교개혁 당시부터 외경(外經, Apocrypha)[101]

---

101) 외경(外經, Apocrypha)은 문자적으로 '숨겨진 〈책들〉'이란 뜻으로, 헬라어는 '아포크뤼파'이며, 이는 '숨겨진'이란 뜻의 헬라어 '아포크뤼포스'에서 유래한 말이다(마4:22; 골2:3). 이 단어가 책에 적용될 때는 '사용하지 않는다'는 뜻이다. 즉 '외경'이란, 성경의 정경(正經)을 결정할 때에 함께 수집되었으나 정경으로 인정되지 않은 약 15권의 책 또는 제문서(諸文書)를 말한다. 라틴 벌겟(Vulgate) 역에는 정경과 함께 들어있으나, 히브리어성경에는 들어 있지 않다[네이버 지식백과-교회용어사전].

의 경전성 문제가 논의되다가 끝내 경전 안에는 들어 올 수 없다고 결정되었다.

iii. 성경과 외경이 연관된 편집 과정[102]

1. 취리히 성서

A. 스위스의 기독교계에서 발행한 취리히 성서는 기독교-개신교 (Protestant) 목회자들이 자체적으로 힘을 모아서 자체적으로 편집한 것이어서 목회적으로 그 의의가 크다고 하겠다.

B. 취리히 성서(Zurich Bibel or Swiss-GermanBible)(1527-1530)는 외경을 신약 다음에 부록으로 편집해 넣었다.[103]

2. 루터의 독일어 역

A. 종교개혁 이후 1534년에 끝난 '루터의 독일어 역'은 편집하면서 외경을 구약과 신약 사이에 부록으로 편집해 넣었다.

B. 이 성서의 서문에 "외경은 경전과는 동등하지 않지만 읽어서 유익한 책"이라고 언급하였다.

---

102) 참조, 대한성서공회 자료 인용
103) 여기서 외경을 부록으로 편집해 넣었다는 것은 외경을 경전으로 인정하지 않고 참고할 자료로 취급했다는 것을 말해준다.
　　다행스러운 것은, 다음 각 나라마다 성경을 편집하여 발행할 때 외경을 대부분 부록으로 편집했다는 것은 외경이 경전의 가치를 인전하지 않는다는 것이다.

3. 프랑스 성서

A. 1535년에 프랑스의 기독교가 처음으로 번역하여 발간한 성서도 루터의 독일어로 번역한 성서(성경)과 같이 외경을 구약과 신약 사이에 부록으로 넣었다.

B. 이 성경을 편집하면서 머리말에 "히브리어와 아람어로 쓰여진 구약에는 없지만 불가타 혹은 벌겟 역본에 들어있는 외경"이라고 언급했다.

4. 카버데일 성경

A. 1535년에 카버데일(Miles Coverdale) 개인이 번역한 영어 성서도 루터의 독일어 번역서와 같이 외경을 구약과 신약 사이에 부록으로 편집하였다.

B. 즉 구약의 일부로 다루지 않고, 별도로 묶어 경전성(經傳性)이 확보되지 않은 책임을 밝혔다.

5. 제네바 성서

A. 스위스 제네바 시에서 1560년에 발행된 제네바 성서는 본문을 절로 나누어 출판한 최초의 성서이다.

B. 이 성서는 개혁주의 입장에서 발행된 성경이므로 외경에 대해

서 그 서문에'개신교의 견해를 분명하게 밝혔다는 점'에서 주목을 받는다.

B.1 서문에서, 외경을 두고서, 이 책들이 교회가 공적으로 읽고 해석하는 것이 공인된 점이 아니라는 점을 분명히 한다.

B.2 경전이 확증하는 것과 같은 내용에 동의하는 한에서만 참고로 삼겠다는 책임을 밝혔다.104)

6. 킹 제임스 킹 버전-역본

A. 1611년에 출판된 킹 제임스 버전/역본–King James Version도 외경을 경전과 확연하게 구별했다.

B. 이 성경은 외경에 대하여 언급하면서 '기독교–개신교의 전통을 그대로 따르는 것을 원칙으로 한다'는 설명을 덧붙였다.105)

7. 기타 사항

A. 1546년 트렌트 회의에서 가톨릭교회가 외경을 '제2경전'으로 결정하면서부터 기독교–개신교 쪽에서도 외경에 대한 태도를 좀 더 분명하게 하기에 이른다.

B. 1562년에 영국교회가 발표한 39개조 종교조항 제6조는 "(외경은)

---

104) 그러면서도, 외경의 한 책인 '므낫세의 기도'만은 역대지하 끝에 편집해 넣은 예외를 보인다.
105) 킹 제임스 버전도 외경과의 관련성을 여러 번 있었음을 밝힌다. 이것은 관주에 대한 설명 부분에서 한갖 참고적인 관련성을 말해줄 뿐이다.

교회가 신도에게 생활의 모범이나 교훈을 가르치려고 할 때 읽을 수 있다. 그러나 외경을 근거로 하여 교리를 제정할 수는 없다"고 했다.

C. 1647년 웨스터민스터 신학자 총회에서 결정한 외경에 대한 사항을 밝힌다.

C.1 신앙고백 제1장 3절은 "외경은 영감으로 쓰여진 책이 아니므로 경전이 될 수 없다.
C.2 외경은 성경과는 달리, 교회 안에서 어떠한 권위도 가지지 못하고, 인정되거나 사용되어서는 안 된다"고 하였다.

1453년 독일의 구텐베르그(Johannes Gutenberg)가
활자 인쇄기를 발명하여 이때를 기점으로 인쇄술과
함께 성경 인쇄도 발전하게 되었다

제7장

신약성경과 현대어 역본

첫 번째

Translation's the Bible New Testament-1

i. 영어 성경 번역본[106)

Translation's The Bible of New Testament

1. 영어 성경 번역 14-17세기

종교 개혁자들의 공헌 가운데 하나는 성경이 특정한 학자나 사제들만의 전유물을 만드는 것에 철저하게 반대했던 것이다. 성경이야 말로 만인을 위한 살아 계신 하나님의 말씀임을 강조함으로 묻혔던 성

---

106) 이종윤 지음, *신약 개론*, 서울:엠마오출판사, 1985, pp.162-170.

경을 역사 위에 재출현하게 되었다.

ii. 성경 번역의 시작-존 위클리프

A. 이와 같은 개혁의 횃불이 타오르기 전 신구약 성경 전체가 존 위클리프(John Wycliff)에 의해 1382년에 영어로 처음 번역이 되어 영어권에서 사용하기 시작했다.

B. 1384년 존 위클리프가 죽은 후 푸비(John Purvey)에 의해 영어 성경의 개정판이 나왔다. 그 개정판은 지금까지도 약 200권 정도가 지상에 남아 있으나 30권을 제외한 나머지는 모두 이 시기에 출판된 개정판이다.

C. 1408년 7월 옥스퍼드 지방 회의에서 아룬델(Arundel) 감독은 성경 번역의 위험성과 권위 문제에 대한 선언을 하게 되었다.

"성경의 텍스트-본문을 영어나 또는 다른 언어로 번역할 만한 권위를 가진 이는 아무도 없다. 번역 자체가 그 지역의 교구장에 의해 인준을 받아야 한다"고 주장하면서 존 위클리프를 '옛 뱀의 아들'이라고 저주하였다.

iii. 존 위클리프의 화형(火刑)

A. 1415년 콘스탄스 회의(The Council of Con-stance)에서 이미

죽어 땅속에 묻힌 존 위클리프의 시체를 다시 파내어 화장한 후 그 재를 스위프트(Swift) 강에 뿌리도록 명령하였다.

B. 이와 같은 박해 아래 영어 성경 번역이 시작되었다는 것은 참으로 시대적 아이러니라 아니할 수 없다.

C. 위클리프의 성경은 라틴어 성경을 직역하고 있기때문에 라틴어 지식이 없이는 읽기가 매우 어색하다는 단점이 있었다.

iv. 구텐베르트(Johannes Gutenberg) 활자 인쇄기 발명

A. 1453년 독일의 구텐베르그(Johannes Gutenberg)가 활자 인쇄기를 발명하여 이때를 기점으로 인쇄술이 발전하게 되었다.

B. 그후 1517년 종교 개혁이 일어나고 16세기 르네상스(the Renaissance) 운동이 발생하게 되었다.

C. 종교 개혁자들에 의해 '말씀 중심–성경 중심' 운동은 성경 번역에 큰 역할을 담당해 주었다.

D. 다국어로 번역된 성경 번역은 다음과 같이 세계 각국의 언어로 번역이 된 후 그 언어권 안에서 활기차기 보급되어 갔다.

D.1 1471년에는 이태리어로,

D.2 1474년에는 불란서어로,

D.3 1477년에는 벨지움어로, 네덜란드, 룩셈부르크어로,

D.4 1488년에는 보헤미아어로 각각 성경이 번역되었다.

D.5 영국에서는 이 보다 훨씬 늦게 성경번역이 이루어 졌다.
그것은 영국인의 지식이나 열심의 결여에서가 아니고, 1408년 옥스
퍼드 회의의 결정대로 성경 번역이 허용되지 않았기 때문이다.

v. 윌리암 틴델의 성경 번역

A. 이와 같은 상황에서 영어 성경이 활발하게 출판되기 시작한 것
은 윌리암 틴델(William Tyndale)에 의하여 이뤄진 것이다.

B. 윌리암 틴델은 "사람은 교황의 법만 있으면 하나님의 법 없이
도 잘 살 수 있다"고 주장한 어느 사제에게 대항하면서 "만일 하나
님께서 자기 생명을 나누어 주신다면 오래전 사제가 행한 일 보다
성경을 더 많이 알도록 경작(耕作)할 줄 아는 소년을 만드셨을 것"
이라고 반박하였다.

C. 틴델은 영어 성경 번역에 자기 생명을 바칠 것을 결심하고 이
과업을 수행하기 위해서 영국을 떠날 필요를 느꼈다.

D. 틴델이 번역한 신약 성경은 1525년 쾰른(Kolen)과 보름스
(Worms)에서 처음 인쇄되었다.

D.1 1530년 틴델은 마르버그(Marburg)에서 모세 오경을 번역 출판하였다.

D.2 1531년에 안트베르프(Antwerp)에서 요나서를 번역 출판했다.

D.3 1534년, 신약 개정판이 나왔고 1535년에 신약 신판이 나왔다.

E. 친구의 배신으로 투옥된 윌리암 틴델은 1536년 10월 6일 처형되었다.[107]

vi. 윌리암 틴델의 성경에 대한 금서조치

A. 당시 가톨릭 교회는 틴델의 번역을 루터주의(Lutheranism)와 일치하는 것으로 판단했다.

A.1 런던의 감독 툰스탈(Tunstal)은 틴델의 신약에서 3,000개의 오류를 발견했다고 주장하면서 금서(禁書)로 명했다.

A.2 이에 따른 조치로서 윌리암 틴델의 번역 성경은 모조리 불에 태우는 극단적인 핍박으로 행해진 것이다.

B. 토마스 모어(Thomas More)는 틴델 성경에서 오류를 찾아내는 것은 마치 바다에서 물을 찾는 것과 같다고 하면서 꼬집었다.

C. 1529년과 30년에 헨리 8세(Henry VIII)는 틴델의 번역 성경발행을 금지시키고 일반인은 영어로 된 성경이 필요 없다도 했다.[108]

---

107) 그는 구약에 있는 여호수아서로부터 역대기까지 번역은 마쳤으나 출판하지 못한 채 순교자로 부름을 받았다.
108) 헨리 8세는 한편 번역 성경이 만들어질 것을 약속해 주었다.

D. 윌리암 틴델이 죽기 전 그가 번역한 신약성경은 약 5 만부가 팔렸으며 그 후에도 계속 보급되었다.

E. 1525년부터 1566년까지 40판을 거듭, 출판이 계속되었다.

vii. 영어 성경에 끼친 틴델의 영향력

A. 영어 성경 번역판은 틴델의 번역에 크게 영향을 받고 있다. 특히 흠정역(King James Version) 신약 성경의 92%가 위리람 틴델 성경을 사용했다.

B. 의리암 틴델 말년에 영국에서 종교적 분위기가 갑자기 변하기 시작했다.

B.1 1530년 휴 라티머(Hugh Latimer)는 헨리 8세가 일찍이 약속한 것을 다시 촉구하였다.

B.2 1533년 헨리 왕이 안나 볼레인(Anne Boleyn)과 결혼하면서 영국 교회를 로마 교회로부터 분리시켰다.

B.3 그 이듬해 영국 교회의 총회가 왕에게 성경은 번역되어야 한다는 청원서를 제출하였다.

C. 윌리암 틴델이 죽기 전 해인 1535년 10월 5일에 마일스 커버데일(Miles Coverdale)은 마르버그와 쥬리히로부터 온 틴델의 번역 성경과 쯔빙글리(Zwingli), 레오 주다(Leo Judah), 패그니누스

(Pagninus), 벌게이트(Vulgate) 그리고 루터(Luther)의 성경들에 기초한 것을 인준(認准)하였다.

   D. 그가 헬라어나 히브리어 학자는 아니었지만 인쇄된 영어 성경을 인정한 최초의 인물이 되었다.

   D.1 그는 이 성경 '우리들의 모세'인 헨리 8세에게 드린다는 헌사까지 붙여서 출판했다.
   D.2 헨리는 이것을 권위 있는 번역으로는 하자가 많으므로 다만 허용되는 번역으로만 받았다.

ⅷ. 성경 번역의 문이 열리다

   A. 성경 번역의 문이 한 번 열린 이후 16세기에 처음 30년간은 성경 번역이 급속도로 퍼져나갔다.

   B. 1537년에 안트베르프(Antwerp)에서 마태의 성경(The Bible of Matthew)이 영어 성경으로 두 번째 완역, 출판되었다.

   C. 1555년 순교자가 된 로저스는 틴델의 오경을 그대로 사용, 출판하였다.

   C.1 이 버전은 로저스(John Rogers)가 헨리 왕과 제인 왕비(Queen Jane)에게 바친 것으로 본다.

C.2 여호수아부터 역대기까지 출판하지 못했던 틴델의 유고를 사용하였고,

C.3 에스라에서 외경 문서들은 커버데일(Coverdale)을 사용했다.

C.4 신약성경은 1535년 개정판으로 나온 틴델의 것을 사용했다.

D. 크랜머 대주교(Archbishop Thomas Cranmer)는 전에 있었던 어떤 번역서보다도 더 훌륭한 것이라고 하면서 로저스가 번역한 성경의 면허를 요구하였다. 따라서 이 성경에 면허가 허락되어 최초의 자격을 가진 영어 성경이 되었다.109)

E. 1539년 리차드 태버너(Richard Taverner)는 런던에서 마태의 성경을 약간 번역시킨 영어 성경을 출판하였다. 이것이 영국에서 출판한 최초의 영어 성경이 된다.

F. 마태의 성경에 있는 다듬어지지 않은 말들을 제거하고 교회에서 사용할 수 있는 성경을 만들기 위해 크롬웰(Cromwell)은 만족할 만한 성경을 만들게 되었다.

G. 커버데일(Coverdale)이 감독관으로 뽑혔다. 위클리프의 뼈가 화장된 지 14년이 지난 1539년 4월에 이 성경은 그 크기가 인정되어 '위대한 성경'(The Great Bible)으로 불려졌다. 왕(영국 왕실)도 거기에는 이단성이 없다고 그것을 읽도록 인준했다.

---

109) 같은 해(1537)에 커버데일 성경 3 판에도 면허가 허락되었다.

H. 1540년 대주교인 크랜머(Cranmer)에 의해 서문이 쓰여졌는데 "교회에서 사용할 수 있도록 이 성경을 지정한다"고 했다.

H.1 이 성경은 교회가 권위있는 번역(Authorized Version)으로 인정한 최초의 것이 된다.
H.2 이 '위대한 성경'은 영국인들에게 애독되었다.
H.3 이 '위대한 성경'은 2년(1539-1541) 만에 7판이 거듭되며 발행되었다.

I. 제네바 성경과 감독들의 성경(Bishop's Bible)이 그것을 대치한 1569년에 이 성경은 마지막으로 인쇄되었다.

J. 1547년에 헨리 8세가 죽고 에드워드 6세(Edward VI)가 등극하면서 번역 성경 보급에 대한 크고작은 제한 규정이 철폐되었다.

K. 그의 짧은 통치기간 동안(1547-1553) 많은 신약성경과 13권의 성경들이 35판을 출판되었다.

L. 윌림암 틴델(Tyn-dale), 커버데일(Coverdale), 마태(Matthew), 태버너(Taverner) 크랜머(Cranmer) 등의 성경이 메리 여왕(Queen Mary)의 등극으로 다시 1553년 8월 18일자로 성경이 대중에게 읽히는 것이 금지되었다.[110] 메리 여왕의 통치 기간 동안(1553-1558)에 영국에서는 성경 출판이 없었다.

---

110) 이 시대의 배경이 말해주듯, 교회의 성경은 압수당했고 수 많은 순교자가 생겼으며 종교 개혁자들은 대륙으로 망명을 가게 되었다.

ix. 제네바 번역 성경

A. 당시 존 칼빈의 개혁 운동의 중심지인 제네바(Geneva)로 쫓겨간 이들 중 성경 번역을 준비하여 출판한 것이다.

B. 제네바 성경을 1560년 엘리자베스 여왕 등극 1년 반 만에 여왕에게 헌정하였다.

C. 제네바 성경은 반 가톨릭적이며 칼빈주의적 개혁주의 색채가 농후한 성경으로 알려져 있으므로 청교도들에게 애독되었다.

D. 교회는 당시 제네바 성경(Geneva Bible)의 번역보다는 그 성경의 노트(관주)에 담긴 오류를 발견하고 파커(Matthew Parker)로 하여금 개정하게 했다.111)

E. 감독의 성경은 번역과 인쇄의 오류가 많이 있었으나 엘리자베스 통치 기간 동안 교회의 성경으로 받아들여졌다.

F. 1571년 총회는 감독들의 가정과 교회에서 자유롭게 사용할 성경을 만들도록 결정했다. 이것이 영어 성경의 두 번째로 '권위 있는 성경'(Autherized Bible)이 된 것이다.

F.1 제네바 성경은 34년간 개정과 증보를 거듭하며 완성해 갔다.

---

111) 그 일의 대부분을 감독(bishops)들이 하였다 하여 후일 감독의 성경(bishop's bible)이라고 불렀다.

F.2 1602년에 최종판이 나타났다. 신약 성경은 65년 이상 인쇄되었고 그 최종판은 1633년에 있었다.[112]

x. The King James Version-KJV

A. 흠정역(欽定譯)으로 알려진 King James Version(킹 제임스 버전)은 엘리자베스 통치 말년에 감독의 성경(Bishop's Bible)에 대항하여 동요를 일으켰던 이들의 요청에 의해 만들어졌다.

B. 그 당시 많은 역본이 나타남으로 신앙적 혼란도 야기되므로 그 통일을 이루어져야 한다는 시대적 요청도 함께 나타났다.[113]

C. 1604년 햄튼 회의(Hampton Court Conference)에서 존 레이놀드(John Reynold)가 새로운 번역을 제안하여 제임스 왕의 마음을 끌게 하여 마침내 왕의 명에 따라 번역에 착수하게 되었다.[114]

D. 1611년까지 모든 개정작업은 완료되어 출판하게 된 것이다.[115]

---

112) 전체 성경은 19판을 내었고 신약 자체만도 같은 판을 내었다. 그러나 제네바 성경이 1611년까지 120판을 냄으로 그 명성이 훨씬 앞질러 있었다. 감독의 성경(Bishop's Bible)은 다른 영어 성경에 비해 철저하게 연구되지 못한 것으로 알려졌으며 흠정역(KJV)에도 4%만 영향을 주었다.
113) 일반적으로 제네바 성경(Geneva Bible)은 교회에서 읽혀졌다. 위대한 성경(Great Bible)도 틴델(Tyndale)과 커버데일(Coverdale)과 함께 통용되고 있었다.
114) 존 셀돈(John Seldon)에 의하면 동일한 부분을 찾아 가장 적합하다고 느껴지는 말을 제시하여 만들었다고 한다. 12명의 최종 위원은 빌손(Thomas Bilson) 감독과 마일스 스미스(Miles Smith) 박사와 함께 마지막 손   질을 하고 서론을 준비하였다.
115) 제임스 왕으로부터 성경발행에 대한 재정 지원을 받은 바도 없고 그의 공적 인준을 받은 바도 없지만 '킹 제임스 버전'의 영어번역 성경은 지금 현대까지 그 영향력이 매우 큰 것이 사실이다.

E. 제임스 왕의 이름으로 발행된 이 성경은 오늘 날까지도 알려져 왔다.

F. 제임스 왕(King James)은 1625년에 죽었다.

G. The King James Version-KJV(흠정역-欽定譯) 성경은 초기의 사본들보다는 후기의 텍스트에 기초하여 완성되었다.116)

---

116) 히브리어와 헬라어 성경을 처음 인쇄한 이들은 사본학을 통한 연구를 하고 한 것이 아니고 가능한 사본들로부터 그대로 출판해 낸 것이 대부분이다. 따라서 그 당시엔 코덱스 베자(Codex Bezae)가 가능했으나 그것을 사용했다는 기록은 없다. 파피루스의 발견은 그후 300년이 지난 다음에 있었고 그 당시 번역자들은 25개 정도의 사본만을 알고 있었다.
그들은 1551년에 스테파누스(Stephanus)의 제 3판에서 개역된 것으로 알려진 에라스무스(Erasmus) 텍스트를 갖고 있었다. 그것은 베자에 의해 1589년과 1598년에 인준되었다. 구약 부분은 콤프루텐시안 폴리글롯(Complutensian Polyglot, 1517)과 안트베르프 폴리그롯(Antwerp Polyglot, 1572)에서부터 자료가 나왔다. KJV의 번역자들은 70인(LXX)역의 한 권 텍스트만 갖고 있었다. 라틴어역도 KJV의 번역자들은 Textus Receptus에 크게 의존하고 있다.

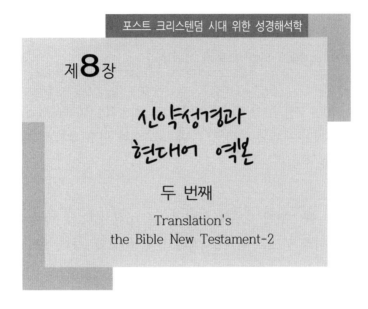

제**8**장

신약성경과
현대어 역본

두 번째

Translation's
the Bible New Testament-2

i. 20세기 초 현대어 번역본

19세기 말과 20세기 초에 교회 안에는 성경의 현대적 표현에 관한 질문들이 가득했다. The King James Version-KJV(흠정역)의 고상한 고어(古語)체도 좋지만, 이해할 수 있는, 그리고 예수님께서 직접 표현하신 생동감 있는 번역 성경을 갖기를 더욱 원했다.

애굽에서 많은 파피루스가 발견되면서 헬라어 원어 성경이 일상어로 쓰여진 것임이 확실시됨에 따라 헬라어의 단순한 표현을 현대인에게 이해되도록 번역하는 운동이 일어나기 시작했다.

1. The Revised Standard Version(RSV)[117]

A. '킹제임스버전'-KJV, 흠정역은 200년 이상 영어 세계에 있는 기독교권에서 사용되어 왔다. 한편, 19세기 말부터 흠정역-KJV에 대한 개역(改譯)의 바람이 불기 시작했다.

B. 1870년 2월 10일 윈체스터의 감독 월버훠스(Wilberforce)가 캔터버리 총회의 상원에 영어 성경 개역을 위한 연구 위원회 조직안을 상정하였다.

C. 다음 해 5월에 위원회가 54명으로 조직되었는데 영국의 성공회뿐만 아니라 장로교, 감리교, 침례교, 회중 교회로부터 선택하였다.

D. 1871년에 미국으로부터 30명의 위원을 위촉하여 위원들을 돕게 하였다.

E. 1881년 신약성경 개역판이 나왔고, 1885년에는 구약성경 개역판이 출판되었다.[118]

---

117) The Revised Srandard Version(RSV)이 나오는데 영향을 준 중요한 4개 번역은 다음과 같다.
1. The Twentieth Century New Testament
2. Weymouth's The New Testament in Morden Speech
3. Moffatt's A new Translation of the Bible
4. Smith and Goodspeed's The Bible An American Translation.
118) Revised Standard Version (RSV)는 1881년 신약(개역판), 1885년 구약(개역판)을 출판했다. 당시 미국 위원들의 제안들은 영국 위원회에 의해 조심스럽게 고려되었으나 영국 위원의 3분의 2

2. American Standard Version(ASV)

A. 미국 위원회에서는 개정역을 그들이 돕는 것은 동의하나 14년 동안 자기들의 것으로 인준하지는 않았다.

B. 1901년 그들의 동의 기간이 만기(滿期)가 되자 그동안 준비해 왔던 것을 1901년 8월에 출판하게 된 것이다. 이것이 American Standard Version-ASV(아메리칸 스탠다드 버전)이다.

C. English Revised Version(ERV)과 함께 ASV는 가능한 한 KJV 를 적게 고칠 것과 KJV가 사용하는 말을 그대로 거의 받아들임으로 현대어 사용을 목표로 했던 것과는 다른 결과가 나왔다.

D. 1928년 Thomas Nelson and Sons 출판사에 있었던 ASV의 판권이 International Council of Religius Education으로 넘어갔다.

D.1 판권을 넘겨받은 ICRE 단체는 미국과 카나다에 있는 40개 의 중요 개신 교파의 교육 위원회의 연합 단체다.
D.2 ICRE 단체는 본 성서에 대하여 판권을 새롭게 갱신하고 American Standard Bible Committee를 새로 세워 학자들로 하여금 ASV를 다시 개역(改譯)하도록 했다.

E. 1937년 International Council of Religio Education은 이 새로

만이 이를 받아들이므로 미국 위원들이 원하는 교정이나 본문은 부록으로 출판되었다.

운 번역을 하도록 결정하였다.

F. 32명의 학자들로 위원회를 구성하고 1946년 2월에 신약을 출판하게 되었다.

G. 1952년 신구약이 완성되었고, 1956년 외경 문서가 번역된 것이 RSV다.

H. RSV위원회는 영국, 카나다, 미국을 포함하여 로마가톨릭, 희랍정교회[119]와 개신교가 합한 Common Bible을 만들기로 했다.

I. 1966년에 위원회를 다시 조직하여 1973년에 외경과 위경을 포함한 성경을 출판하였다.

J. 1977년 RSV의 신약 제2판이, 1980년에는 구약이 각각 수정되어 나왔다.

3. The Jerusalem Bible-JB

A. JB는 1966년 원어로부터 영어로 번역된 최초 가톨릭 성경이다.

---

119) ko.wikipedia.org〉해석학_(철학)
그리스 정교회(그리스어: Εκκλησία της Ελλάδος)는 동방 정교회의 10대 독립교회 중 하나이다. 그리스의 아테네와 전 그리스의 대주교를 수장으로 한다. 사도 바울의 유럽 선교에 뿌리를 두고 있으며, 과거 오스만 제국의 지배시절에도 기독교 신앙을 보존하였다. 현재도 정교회는 그리스 사회에 강한 영향을 주고 있다.

B. 현대어를 사용하여 독자의 이해를 쉽게 이해하려는 데 목적이 있었으나 너무 작은 활자체가 문제이다.

C. 이 성경의 노트들은 La Bible de Jerusalem 불어역(1956)의 번역이다.

D. RSV 보다는 의역이 많으나 Phillips보다는 적다. 외경문서를 포함하고 있어 가톨릭교도들은 이것을 '가톨릭 성경'이라고 부른다.

4. The Good News Bible(GNB)
   The New Testament in Today's English Version (TEV)

A. 1966년 American Bible Society가 문체와 단어를 쉽게 하여 번역했다.

B. GNB는 1971년 제3판에서 내용들을 더욱 개정하였다.

C. 영어를 제2외국어로 사용하는 이들에게나 교육을 정상적으로 받지 못한 이들에게 교육의 기회를 아울러 주고자 했다.

D. GNB는 기독교 상식이 없는 전도 대상자들에게 전도용으로 사용하기 위하여 출판한 것이다. 그리고 실제적으로 교회 밖 일반 세대에게까지 폭넓게 공급했다.

E. GNB는 2,000개의 제한된 단어를 갖고 번역하였다.

E.1 구약은 키텔의 히브리 성경을,
E.2 신약은 UBS의 신약 헬라어 성경을 기초로 하여 번역했다.

5. The New English Bible(NEB)

A. 1946년 RSV 신약성경이 미국에서 출판되자 영국에서는 New English Bible을 출판할 계획을 세웠다.

B. 스코틀랜드 교회 총회 결정에 따라 성공회, 감리 교회, 침례 교회, 회중 교회 연합으로 10월에 회의를 열어 새 번역을 완성키로 결의하였다.

C. 1961년 신약 초판이 나왔고 1970년 성경 전체가 출판되었다.

D. 히브리어, 아랍어, 희랍어 성경으로부터 직접 번역키로 하고 이미 있었던 영어 성경을 개역하는 작업은 피하였다.

6. The New American Bible(NAB)

A. NEB는 Ameican RSV의 상대역으로 출판되었기 때문에 NAB는 English Catholic JB의 상대역으로서 출판되었다고 볼 수 있다.

B. 1969년에 구약이 NAB가 완전히 출판됨으로 원어로부터 미국 가톨릭교회가 번역한 최초의 성경이 된다.

B.1 59명의 카톨릭 학자와 5명의 개신교 학자가 동원되었다.
B.2 개론적 설명을 각 책에 편집하여 자유주의적 경향이 있다.
B.3 고어체가 현대어로 바뀐 것도 특징이다.[120]

7. The New American Standard Bible(NASB)

A. 라크만 재단(Lockman Foundation)은[121] The Amplified New Testament와 The New American Standard Bible을 번역해 내었다.

B. NASB는 다음과 같은 일정에 각각 출판되었다.

B.1 1960년에 요한복음이 먼저 나왔다.
B.2 1962년에 공관 복음서가 출판되었다.
B.3 1963년에 신약 성경이 출판되었다.
B.4 1971년에 신약과 구약 전체가 출판되었다.

C. 이 번역본은 American Standard Version을 개역 개정한 것이라고 볼 수 있다.

D. 특히 32명의 번역자가 노력한 것은 원어와 현대어의 간격을 할 수 있는 한 좁히면서 읽기 쉬운 문체로 문장을 다듬었다.[122]

---

120) 직역보다는 의미 전달을 위해 의역을 하고 있는 것이 특징이다.
121) 라크만 재단(Lockman Foundation)은 1942년에 미 캘리포니아 주에서 조직되었다.

8. The Living Bible Paraphrased(LB)

A. 한 사업가에[123] 의해 만들어진 LB는 1954년에 시작하여 16년 만에 출판되었다.

A.1 가정 예배 시 아이들과 함께 읽을 수 있도록 의역(意譯)한 성경이다.

A.2 테일러의 자비(自費)로 1962년에 출판하기 시작하여 Living Prophecy(1964), Living NT(1967) 등 번역 성경이 계속 출판됨으로 1971년에 완역이 되어 나왔다.

A.3 특히 전도용으로 여러 가지 형태로 나타나기도 하였다.

B. 리빙바이블 신약은 Reach out Version(1969), 전체 성경은 The Way(1972), 카톨릭 교도를 위한 The Way(1973), 흑인들을 위한 Soul Food가 출판되었다.

C. 1901년 ASV 개역판을 원본으로 하여 말을 바꾸어 알기 쉽게 풀어 쓴 것이다. 따라서 본문 비평학적 연구가 결여되어 있으므로 많은 문제성을 안고 있다고 보는 것이다.

9. The New International Version(NIV)

---

122) 신약은 네슬 회랍어성경 23판을 원본으로 하고 있으며 구약은 킷텔의 히브리어 성경 최신판을 주로 번역하였다.
123) 케네스 나다나엘 테일러(Kenneth Nathaniel Taylor, Wheaton, Illinois)

A. 대부분의 복음주의자는 지금까지 번역되어 있는 영어 성경에 대하여 만족하지 못하고 있었다.

B. 1965년 시카고에서 15명의 성경학자들이 성경 번역 위원회를 조직했다.

C. 1968년에는 New York Bible Society International이 스폰서가 되기로 결정하였다.

D. Christian Reformed Evangelicals가 주동이 되어 카나다, 영국, 오스트레일리아, 뉴질랜드 그리고 미국에서 학자들을 초청하여 번역위원으로 위촉함으로 국제성을 갖게 하였다.

E. 동시에 번역 위원들은 장로교, 감리교, 침례교, 그리스도의 교회, 성공회, 루터교, 형제교, 메노나이트, 나사렛 등의 교파 배경을 위원으로 하여 초교파적 특성으로 구성한 것이다.

F. 1973년 9월에 신약 성경이 출판되었는데 지금까지 나타난 사본 연구를 세밀히 검토하였다.

G. 1978년에 신약과 구약 전체가 출판되었다.[124]

G.1 NIV는 전통적인 것과 현대적인 감각이 혼합되어 있다.

---

124) 원어와 영어 사이에 생기는 의미의 차이를 정확성과 명료성 그리고 문학적 수준을 가지고 메꾸어 나가고 있으며 번역자는 의미 전달을 위해 공시적이면서도 동력적인 번역 방법을 채택하고 있다.

G.2 독자의 편의를 위하여 단위마다 제목을 붙여 주고 거의 3,350 개의 난하 주를 붙여 주고 있다.

G.3 NIV는 RSV보다는 현대 감각이 있고, NEB보다는 덜 의역을 하고 있으며, Good News Bible(GNB)보다는 더 직역을 하고 있다는 강점(强占)을 가지고 있다.

10. The New King James Bible(NKJB)

A. 더 뉴 킹 제임스 버전-NKJB는 근본주의자를 위해 출판되었다.

B. 이 성경을 출판한 Thomas Nelson and Sons 출판사는 1901년에 ASV를 출판한 바 있다.

C. 더 뉴 킹 제임스 버전-NKJB는 1979년에 신약을, 1982년에 전체 성경이 나왔다.

D. 더 뉴 킹 제임스 버전-NKJB는 해당 출판사 측에 의하면 1867년 이후 KJV의 가장 중요한 개역판이라고 발표했다.

E. 더 뉴 킹 제임스 버전-NKJB 외에 RV, ASV, RSV는 모두가 윌리암 틴델의 것을 개역하고 있을 뿐이라고 주장한다.

F. 현대적 감각을 살리기 위해 하나님에 대한 2인칭 명칭으로 대문자를 사용하여 You, Your, Yours를 쓰고 있다.

ii. 한글 성경 버전-번역

1. 최초 한글 번역된 성경-쪽 복음

  A. 한글 성경 번역은 한국에 선교사가 입국하기 전 외국 땅에서 먼저 이루어졌다.

    A.1 1882년에 스코틀랜드 선교사 존 로스와 미국의 선교사 매킨타이어가 한국어로 번역한 누가복음과 요한복음을 만주에서 출판했다.
    A.2 이때, 존 로스 선교사에게 복음을 받고 우리나라 최초 세례자 중에 서상륜이 한글로 번역된 쪽 복음서를 들고 조선에 들어와 황해도 소래면에 소래교회를 세웠다.

  B. 황해도 소래교회는 한국인으로 하여금 한국에 세워진 최초 기독교-개신교 교회이다.

  C. 한국 최초교회를 세울 때 이미 한글로 번역된 성경-쪽 복음을 가지고 세운 것이다. 이것은 세계 성경역사나 복음선교 역사에도 없는 사례라고 할 수 있다.

2. 최초 한국 공식입국 선교사-한글번역 성경

  A. 1885년 초에 이수정이 마가복음을 일본에서 번역 출판하여 같은 해에 일본을 거쳐 입국한 언더우드Underwood 선교사와 아펜젤

러Appenzeller 선교사가 한국으로 선교사로 입국하면서 한국어로 번역된 한글 성경을 가지고 들어왔다.

B. 1887년 한국어 성경 번역 위원회가 조직되었으며 이때 위원으로 언더우드, 아펜젤러, 스크랜튼, 알렌 그리고 헤론이 포함되었다.

C. 같은 해 1887년 이수정의 마가복음을 언더우드와 아펜젤러가 수정, 번역하여 1887년 스코틀랜드 성서 공회 지부에 의해 요꼬하마에서 출판하였다.

D. 1890년에는 로스역 성경을 수정한 아펜젤러가 누가복음과 로마서를 출판했으나 문체와 용어 및 표현상의 문제로 수정 번역 작업을 더 이상 진행하지 않았다.

3. 국내 최초 번역된 마태복음

A. 1892년 성경 번역 위원회 중심으로 아펜젤러를 통해 마태복음을 번역해 냄으로 국내에서 이루어진 최초의 한글 역본은 '마태복음'이 된 것이다.

B. 이때부터 번역 사업은 개인적인 노력으로도 이루어져 1893년에는 신약의 3분의 2 이상이 사역私繹되어 개정 위원회에 넘겨졌다.

B.1 번역자회에서 토론을 거쳐 수정된 번역을 실행 위원회에 보

내게 되는데 이를 '임시판'(teetative edition)이라 했다.

    B.2 이것을 가지고 토론 검토하여 표결한 후 작성된 것을 '번역 자회 역'이라고 불렀다.

    B.3 이 역본은 1900년에 신약성경 만으로 단권으로 출판되었다.

4.. 한국 최초 신약젼서(성경)

    A. 1906년 언더우드, 게일, 레이놀즈와 같은 장로교 선교사들에 의해 한국 최초의 '신약젼서'가 출판되었다.

    B. 1938년 까지 개역(改譯)된 신약성경이 나올 때까지 한국교회가 공인(公認)한 역본(譯本)으로 사용되었다.[125]

    C. 이 역본은 1950년 새 철자법에 따라 개정 개역되어 1952년에 개역판(改譯板)으로 새로 출판되었다.

---

125) 1902년 아펜젤러가 목포에 있는 레이놀즈 집에서 한글 성경 번역을 위해 회의에 참석하기 위해 가던 중 배의 충돌 사고로 순직하게 되었다는 것은 한국 교회사에 잊을 수 없는 사건으로 기록되었다.

미국 존 로스 선교사에게 처음 복음을 받고 세례를 받은
서상륜이 함께 한글로 번역된 쪽 복음서를 들고 조선에
들어와 황해도 소래면에 소래교회를 세웠다

제9장

성경해석 원리-첫 번째

석의(釋義)의 실제-①

Actual of Exegesis(commentary)-1

본 코너에서 소개하는 주제는 석의(釋義)의 실제로서 해석작업을 첫 번째 시도해 본다. 해석은 일반적인 해석 원리와 함께 구속사적인 입장에서 본 모형적인 해석 원리를 사용하여 시도한 것이다.

제 9장과 제 10장에 걸쳐 '석의'라는 성경 해석의 방법을 사용했는데, 본문(text)은 출애굽기 32:7-14과 30-34을 두 곳을 지정했다. 주제(subject)는 '모세의 중보기도'이며, 부제는 '저주의 도가니에서 생명의 환희로 재탄생되다'이다. 주석 작업으로서 모범을 보여주는 코너로 소개하고 있다. 결론 부분에서 본문을 잡고 설교로 작성하여 매듭을 짓고 있다. 이로서 석의의 실제가 의미 있게 잘 보여지고 있다.

주제 : 모세의 중보기도

부제 : "저주의 도가니에서 생명의 환희로 재탄생되다"[126]
본문 : 출애굽기 32:7-14, 30-34(개역개정판)

7.여호와께서 모세에게 이르시되 너는 내려가라 네가 애굽 땅에서 인도하여 낸 네 백성이 부패하였도다

8.그들이 내가 그들에게 명령한 길을 속히 떠나 자기를 위하여 송아지를 부어 만들고 그것을 예배하며 그것에게 제물을 드리며 말하기를 이스라엘아 이는 너희를 애굽 땅에서 인도하여 낸 너희 신이라 하였도다

9.여호와께서 또 모세에게 이르시되 내가 이 백성을 보니 목이 뻣뻣한 백성이로다

10.그런즉 내가 하는 대로 두라 내가 그들에게 진노하여 그들을 진멸하고 너를 큰 나라가 되게 하리라

11.모세가 그의 하나님 여호와께 구하여 이르되 여호와여 어찌하여 그 큰 권능과 강한 손으로 애굽 땅에서 인도하여 내신 주의 백성에게 진노하시나이까

12.어찌하여 애굽 사람들이 이르기를 여호와가 자기의 백성을 산에서 죽이고 지면에서 진멸하려는 악한 의도로 인도해 내었다고 말하게 하시려 하나이까 주의 맹렬한 노를 그치시고 뜻을 돌이키사 주의 백성에게 이 화를 내리지 마옵소서

13.주의 종 아브라함과 이삭과 이스라엘을 기억하소서 주께서 그들을 위하여 주를 가리켜 맹세하여 이르시기를 내가 너희의 자손을 하

---

126) 제2장은 석의(釋義)의 실제적인 코너로서, 두 번에 걸쳐 주석하는 실례를 해 보일 것이다. 본 장에 소개한 것처럼, 본문(text)을 정하고 [주제: 모세의 중보기도], [부제: 저주의 도가니에서 생명의 환희로 재탄생되다]로 하면서 주석(해석)을 실제로 작업하여 모범을 보여주는 코너이다.

늘의 별처럼 많게 하고 내가 허락한 이 온 땅을 너희의 자손에게 주어 영원한 기업이 되게 하리라 하셨나이다
14.여호와께서 뜻을 돌이키사 말씀하신 화를 그 백성에게 내리지 아니하시니라

30.이튿날 모세가 백성에게 이르되 너희가 큰 죄를 범하였도다 내가 이제 여호와께로 올라가노니 혹 너희를 위하여 속죄가 될까 하노라 하고
31.모세가 여호와께로 다시 나아가 여짜오되 슬프도소이다 이 백성이 자기들을 위하여 금 신을 만들었사오니 큰 죄를 범하였나이다
32.그러나 이제 그들의 죄를 사하시옵소서 그렇지 아니하시오면 원하건대 주께서 기록하신 책에서 내 이름을 지워 버려 주옵소서
33.여호와께서 모세에게 이르시되 누구든지 내게 범죄하면 내가 내 책에서 그를 지워 버리리라
34.이제 가서 내가 네게 말한 곳으로 백성을 인도하라 내 사자가 네 앞서 가리라 그러나 내가 보응할 날에는 그들의 죄를 보응하리라

ⅰ. 서 론

1. 모형과 원형(Typology & Archetype)

A. 모형의 예시(豫示)와 원형의 완성(完成) 사이에서

A.1 본 주제에 대한 묵상 중, 예수 믿으면서 교회생활을 했다. 이번 코너는 '석의127)의 실제'(Actual of Exegesis/comment)이며, 모세의

---

127) 윌리엄 클라인 외 2인, 성경 해석학 총론, 서울: 생명의말씀사, 1993, p.156.

중보기도의 주제로 설정하고 있다. 그중 교회에서의 중보기도 시간에 이제까지 무수한 중보기도를 했지만, 그에 비해 내게 돌아온 소득(응답)은 별로였다는 말밖에 할 것 없다. 이유는 중보기도의 모형으로서 책임을 다하지 못하고 있다는 증거인 것 같다.

A.2 정말, 수도 없이 시도했던 것과 달리, 무언가를 얻어야 할 텐데…?

그럼에도 중보기도에 대한 응답은 썰렁하게 마무리해 오지 않았던가? 그것은 중보기도의 예시와 완성 사이에서 완성을 바로 찾지 못하는데서 오는 갈등이라 할 수 있다. 중보기도의 예시를 보면서 곧이어 완성을 향하지 못해 자신의 갈등에 빠져 버리는 예라고 본다.

A.3 늘상 중보기도를 하면서 여전히 기도로 얻는 결과는 자신에게도 내놓지도 못할 빈약한 것, 별 볼 일 없던 삶이었다.

그러나 지나간 것은 별로 내놓고 싶지 않았던 것이라면, 앞으로 오는 것은 드러내 놓고 하는 간증으로서 뜨거운 삶을 살아가고 싶다. 예시로만 그치는 것이 아닌, 완성을 향하면서 중보기도의 대가(大家)가 되어 주님을 증거하고 하나님 나라를 확장하고 싶을 뿐이다.

B. 중보기도의 모형에서 원형으로

B.1 모세가 구약의 본문에서 진정한 중보기도의 모형(A Typology of intercession)으로서 누구를 증거하는가? 그것은 수천 년 후에 이 땅에 도래하셔서 신약에서 실제적 중보기도의 원형(A Archetype of intercession)이신 예수 그리스도로 완성하신 그분을 증거하고 있다.

'석의'(exgesis). 성경을 원어로 해석하는 일을 말한다.

B.2 이제는 중보기도의 모형으로만 머무를 수 없다.

원형이신 예수 그리스도를 닮아가면서 그분을 실제적으로 보여 줄수밖에 다른 도리가 없다. 모형에서 원형으로 가는 능동적인 삶을 연출하면서 중보기도의 대가로서 대범한 삶을 살아가야 하겠다.

2. 추구와 용서(Forward & Forgive)

A. 하나님의 무조건 사랑의 용서(Forgive_God's love of Unconditional)

A.1 하나님은 우리에게 무조건적 사랑으로 용서만 한다고 생각하는가?

왜, 하나님께서 제일 미워하는 영적 간음죄, 우상숭배를 범한 이스라엘을 모른체 했을까? 이스라엘이 범한 그 죄는 하나님이 단단히 작심하고 이스라엘을 없애려고 작정까지 했던 그 죄 아닌가? 대상은 지구상에 수많은 종족 중 유일하게 선택했던 이스라엘 백성이다. 하지만 과연 이스라엘은 그 무시무시한 죄에서 빠져나올 수 있을까?

A.2 알고 보니, 그들을 하나님이 거의 일방적으로 짝사랑하듯 사랑하셨다. 아무리 사랑하지만 우상숭배, 그 죄는 영적으로 간음한 아주 무서운 죄이다. 그런데 하나님은 제일 싫어한 죄(우상숭배)를 간과하여 용서해 주셨다는 사실은, 지금 소개되는 본문을 통해서 그 진가를 배울 수 있다.

B. 모세의 사랑 추구(Forward_Moses' love of Agape)

B.1 모세가 이스라엘 백성에 대하여 사려 깊게 배려했다.

이에 대하여 올-인하는 그의 기도를 하나님께서 차마 외면하지 못했다. 모세 만큼 백성에게 변변찮은 대접이나 인정을 온전히 받지 못하는 상태에서

어쩌면 그들을 사랑하고 있을까? 모세의 백성을 향한 사랑은 거의 일방적이었다고 볼 수 있다.

B.2 모세의 중보기도는 하나님이 이스라엘을 사랑하시는 차원과 흡사한 것 같았다.

감히 이스라엘 백성 편에서 그들을 위해 사려 깊게 여기고 중재(중보)하며 기도하는 모세의 심중을 헤아리는 그 순간, 제일 미워하는 죄를 범한 것에 비해, 사려 깊은 중보기도의 감동이 하나님의 마음을 통째로 사로잡지 않았던가? 마치 하나님께서는 모세의 사랑의 농도를 보시면서 이내 이스라엘 백성에게 내릴 징계를 사랑으로 바꾸시는 것 같은 순간이었다. 그러나 하나님의 본심은 이스라엘을 사랑하시는 농도는 모세와 견줄 수 없을 만큼 완벽하고 큰 것 이었다. 모세가 바로 이러한 하나님의 사랑의 정신을 본받아 이스라엘을 사랑하는 결과로 나타나고 있다는 것이다.

B.3 이스라엘의 영적인 간음죄', 그들이 범한 죄는 돌로 쳐 죽임을 당해도 싸다.

그렇지만, 모세가 저토록 하나님의 백성을 자신의 목숨 줄을 담보로 하면서, '딜'하는 모험적 헌신, 그것은 인간으로서 아가페 사랑을 향하여 내달리는 모습이었다. 하나님께서 그를 면밀하게 아시고 그보다 더한 것으로 보답한 것이, 이스라엘을 진노하심에서 살리는 구원 사역이었다.

C. 추구와 용서가 만나 구원을 완성

하나님은 자신의 속성 중 공의로우심(the righteousness of God)를 실행하지 못하면 그 자신의 권위와 법이 무력화되는 위험과 손해를 감수하고라도, 모른 체하고 거기서 돌이키신 것은 모세의 아가페 삶을 추구하는 것과 하나님은 무조건 사랑하기 때문에 용서하시는 즉, 추구와 용서(Forward와 Forgive)가 만나서 구원(Salvation)을 이루는 역사가 발생하였다.

3. 해석의 역사에서 독특한 교훈을 얻는다

A. 성경해석학에서 전통적인 방법을 의존하여 본문을 해석한다.

본 글에서 기본적인 원리라 할 수 있는 문법적, 역사적, 성경적, 영적(성령적) 해석 등의 원리를 적용하는 순서를 지켜야 한다. 그러나 성경해석학이 요구하는 필요성에 의해서 길을 안내하듯, 그 ὁδηγεω (호델게오)방법128)을 적용하여(행8:26-35) 본문(text)을 해석해 가야하며, 성경 해석의 전통적인 방법을 사용할 때, 그 원리에서 벗어나서는 안 된다.

또 이 전통적인 원리와 방법들은 하루 이틀 사이에 세워진 것이 아니고 오랜 세월 동안 구약의 선지자와 지도자, 그리고 신약에서 예수 그리스도와 12제자, 지도자 등이 사용한 결과물에서 얻어진 것이라고 볼 수 있다. 그러므로 성경해석학의 전통적인 방법을 통해서 성경이 말하고자 하는 교훈이 드러남과 동시에 그 말씀대로 순종하여 하나님 백성으로서의 풍성한 삶을 이루게 된다.

---

128) 사도행전 8:30-31.

B. 길을 모르는 사람에게 길을 인도한다.

에디오피아 여왕 간다게의 국고를 맡은 내시가 이사야 53장을 읽다가 뜻을 이해하지 못하여 빌립이 묻는 말에 대답한다. "지도하는 사람이 없어 깨달을 수 없다"고 했다. '지도한다'(ὁδηγεω, 호델게오)는 길을 모르는 사람에게 길을 인도하고 안내하는 사명을 다하겠다는 말이다.

C. 빌립의 성경해석의 4가지 요소

C.1 성령의 역할,
C.2 인간의 사용,
C.3 성경해석을 위해 성경이 필요함,
C.4 성경해석 목적은 예수 그리스도의 교훈을 찾아서 그에 합당한 믿음으로 구원 얻게 한다.129)

본 글에서는 이 중 넷째 교훈에 집중하여 인간의 구원의 사명에 따른 역할을 감당하도록 한다. "We may be justified by faith in Christ(빌2:16).130) 여기서 '믿음'이 ἐκ와 'διά'와 관련되고 사용되고 있다. 이것은 믿음이 칭의(call and holiness)의 근거이며, 구원의 방편이 되므로 믿음의 여정을 구원의 방편으로 완결하고자 한다.

---

129) peter S. Pae, Biblical Hermeneutics-Post modernity to Apply to the ministry of the word, Seoul: Loving touch, 2015, 43-44.
130) 박영희, 신약 석의(釋義)의 방법과 실제, 서울:총신대학출판부, 1988, p.266.

4. 본 글의 논지 소개(Dissertator to thesis)

A. 주제(Topic)

그리스도인이 지상에서 하늘로 올리는 신앙의 덕목 중 기도 장르가 있다. 그중, 중보기도가 더 구체적이고 중요한 것은, 다른 이들의 영적, 육적인 책임이 포함된 기도이기에 그렇다. 이 소논문의 주제는 지상의 한갓 인간에 불과한 모세로 인하여 이스라엘 민족 전체의 책임이 포함된 중보기도가 그의 열정과 재능, 그리고 온갖 열정으로 하늘까지 도달하여 하나님의 마음을 움직이고 그의 영광을 얻는 것을 말하고 싶다(저주와 진노의 도가니에서 하늘의 생명의 복으로 재탄생되는 것)이 복음의 환희라고 본다. 이 환희를 함께 질러대면서 구원의 완성을 추구해야 하겠다.

B. 문제(Issue)

구원은 하나님 편에서 인간에게 일방적으로 주어졌다. 구원에 있어서 우리의 공로, 열정, 그리고 우리의 뜻으로 이뤄진 것은 전혀 없다. 그러나 중보기도는 다르다. 그것은 순전히 인간의 노력과 인내, 정성으로 바쳐야 하는 것을 말한다. 그리스도인이 광야 같은 세상에서 중보기도의 도구를 일상의 도구처럼 사용해야 한다. 그 도구를 효율적으로 사용할 때 날마다 이루는 구원의 목적을 이뤄갈 수 있다.

C. 상태(Position) : 당찬 물고기가 새 생명을 낳는다.

중보기도가 나의 삶에서 활력소를 찾아서 새로운 삶을 구가해 준다면 이같이 좋은 일이 어디 있을까? 본 글은 바로 미래를 내다보고 과거를 교훈 삼아 미래를 향하여 당차게 나아가는 의미이며, '지금 상태에서 점프하는 것'이다. 이것이 본 글의 position이라고 할 수 있다.

ⅱ. 본 론

1. 본문(Using, KJV)[131] :

Exodus 32:7-14; 30-34(출32:7-14, 30-34)

A. 시간 : 주전 1446년 1406년 사이, 광야생활 40년,
　　　　　시내산 율법 수여
B. 주제 : 저주와 진노의 도가니에서 하늘의 생명의
　　　　　복으로 재탄생되는 것
C. 장르 : 기도문(중보적)
D. 등장인물 : 모세, 아론, 각 제사장, 이스라엘 백성 등
E. 장소 : 시내 산과 그 광야
F. 키워드 : 중보기도(하나님의 진노, 목숨을 건 탄원).

2. King James Version(KJV, 영어 본문)의 단락 구분

---

131) The King James Version(KJV) 흠정역欽定譯으로 알려진 King James Version-킹 제임스 버전은 엘리자베스 통치 말년에 감독의 성경-Bishop's Bible에 대항하여 동요를 일으켰던 이들의 요청에 의해 만들어졌다. 그 당시 많은 역본들이 나타남으로 신앙적 혼란도 야기되어 있으므로 통일을 가져와야겠다는 시대적 요청도 함께 나타나 있었다. 1604년 햄톤 회의-Hampton Court Conference에서 존 레이놀드(John Reynold)가 새로운 번역을 제안하여 제임스 왕의 마음을 끌게 하여 마침내 왕의 명에 따라 번역에 착수하게 되었다. 1611년까지 모든 개정작업은 완료되어 출판하게 된 것이다.

A. 진노와 진멸 : 7-10절(God will the wrath & the destroy)

7.And the LORD said unto Moses, Go, get thee down; for thy people, which thou broughtest out of the land of Egypt, have corrupted themselves:

8.They have turned aside quickly out of the way which I commanded them: they have made them a molten calf, and have worshipped it, and have sacrificed thereunto, and said, These be thy gods, O Israel, which have brought thee up out of the land of Egypt.

9.And the LORD said unto Moses, I have seen this people, and, behold, it is a stiffnecked people:

10.Now therefore let me alone, that my wrath may wax hot against them, and that I may consume them: and I will make of thee a great nation.

B. 사려 깊은 중보기도 : 11-14절
(Moses' Intercession and thoughtful- ness)

11.And Moses besought the LORD his God, and said, LORD, why doth thy wrath wax hot against thy people, which thou hast brought forth out of the land of Egypt with great power, and with a mighty hand?

12.Wherefore should the Egyptians speak, and say, For mischief did he bring them out, to slay them in the mountains, and to consume them from the face of the earth? Turn from thy fierce wrath, and repent of this evil against thy people.

13.Remember Abraham, Isaac, and Israel, thy servants, to whom thou swarest by thine own self, and saidst unto them, I will multiply your seed as the stars of heaven, and all this land that I have spoken of will I give unto your seed, and they shall inherit it for ever.

14.And the LORD repented of the evil which he thought to do unto his people.

C. 목숨 건 탄원 : 30-34(Moses' besought to risk one's life)

30.And it came to pass on the morrow, that Moses said unto the people, Ye have sinned a great sin: and now I will go up unto the LORD; peradventure I shall make an atonement for your sin.

31.And Moses returned unto the LORD, and said, Oh, this people have sinned a great sin, and have made them gods of gold.

32.Yet now, if thou wilt forgive their sin--; and if not, blot me, I pray thee, out of thy book which thou hast written.

33.And the LORD said unto Moses, Whosoever hath sinned against me, him will I blot out of my book.

34.Therefore now go, lead the people unto the place of which I have spoken unto thee: behold, mine Angel shall go before thee: nevertheless in the day when I visit I will visit their sin upon them.

3. 본문의 단락 구분(Demarcation) 이유

A. 7-10절은, 모세가 중보기도할 준비의 말씀이기 때문이다.
B. 30-34절은, 모세의 중보기도의 결말을 나타내 주기 때문이다.
C. 11-14절은, 본문의 가장 중심 부분이라고 볼 수 있다.

4. 본문 석의를 위한 개요(Exegesis for Text)

7-10절-진노와 진멸(God will the wrath & the destroy)
11-14절-사려 깊은 중보기도(Moses' Intercession and thoughtfulness)
30-34절-목숨 건 탄원(Moses' besought to risk one's life)

A. 조망(Survey) : 본문에 전개될 요약(Outline)

A.1 Exclude : 32장의 앞부분 1-6절과 32장의 중간 부분 15-20절을 본문(text)에서 제외한 것은, Include에서 밝히고 있다.
A.2 Include : 7-10절의 '하나님의 죄악에 대한 진노'의 부분과, 11-14절의 '모세의 사려 깊은 그의 중보기도', 그리고 '목숨을 건 그의 탄원(중보기도의 절정)'을 돋보이게 하려는 의도라고 봐야 한다.
A.3 Holding : 이 부분에서 다음 두 가지 주제로 생각해 보기로 한다.

1) 조망(Survey)
1차적으로 Text 출애굽기 32:7-14을 32장 전체와 따로 분리시켜 별개의 내용으로 고찰해서는 본문의 이해를 할 수 없다. 그 이해를 위해 32장 1-6절에서 사건이 발생하고 그 사건의 이은 후속타로 기록된 내용이다. 그러나 이 부분으로 제한시키지 못하는 것은 본 32장 15절로 이어가면서 32장 전체를 보면서 다음 33장까지 조망해야 할 것이다.

2) 대조(Contrast)

본 32장은 시내산 꼭대기에서 일어나는 사건과 그 아래편 평지에서 일어나고 있는 사건을 드라마틱하게 대조시키고 있다. 이에 대조되는 상황은 거룩함과 타락함이다. 너무나 극명(克明,starkly)하게 대조가 된다. 이 사건에서 얻을 수 있는 이슈는 '거룩성'을 지닌 존재가 한 순간에 '타락'으로 떨어질 수 있다는 것이다.132) 이스라엘은 얼마 전까지 하나님의 존전에 거룩함으로 나아가던 무리가 아니었던가? 그러나 그 이후에 그들의 지독한 타락의 진면모를 그들에게서 찾아 볼 수 있다는 것이 인간이 얼마나 아이러니한 존재인가를 에덴동산에서부터 드러내 흉한 모습에서 알 수 있다.

A.4 3가지 단락 구분(Demarcation)

본문 1부, 32:7-14의 내용이 한계적으로 그치지 않고 전체적으로 확장되고 있으며, 이제 32:30-34까지를 통해 전후의 급박한 상황을 말해주는 다음의 3가지의 단락 구분(Demarcation,)을 지을 수 있다.

1) Demarcation-1(7-14절)

이 단락 구분에서 여호와 하나님께서는 모세에게 산을 내려가라고 말씀하신다. 그가 백성들을 진멸하실 것이라고 말씀하신다. 하나님의

---

132) 정성구, Abraham Kuyper, His life and Theology, 경기: 킹덤북스, 2010, p.123.

구원 여정을 모세를 통해 시행할 것을 말씀하신다. 그러나 모세는 자신에게 하나님의 구원을 주도할 지도자로 세우겠다는 파격적인 제안에 반대하면서, 오히려 하나님께서 이스라엘 말살계획에 대한 철회를 요구하기에 이른다. 그 계기로 모세는 목숨을 담보로 하나님께 탄원한 결과 모세는 자신의 중보기도를 통해 결코 그 누구도 하나님의 진노를 거스릴 수 없지만, 이스라엘에 대한 용서를 관철시킨다.

  2) Demarcation-2(15-22절)

모세는 '증거의 돌판들'을 가지고 산에서 내려와 백성들이 금송아지를 만들고 우상을 숭배하는 난잡한 광경을 목격하고 화가 치밀어 두 돌판을 땅에 내려치고 금송아지를 파괴하고 부서진 가루들을 이스라엘 백성들이 마시게 한다.

모세는 아론을 만나서 두려워 할 정도로 악한 일이 일어났다는 보고를 받는다. 그때 모세는 여호와께 충성을 다하는 사람들에게 이렇게 나쁜 범죄를 행하는 일에 앞장 선 자들을 처벌하는 일을 도와 달라고 요청한다.

  3) Demarcation-3(30-35절)

다시 한번 모세는 백성들을 위해서 중재에 나선다. 만일 여호와께서 그들을 용서하지 않으신다면, 자기 자신도 그들과 동일하게 다루어 달라고 말하고 있다. 그러나 여호와께서는 장차 그들의 범죄를 징계할 것이라고 약속하신 다음 금송아지를 만든 죄에 대한 벌로써 백성에게 형태를 알 수 없는 타격을 가한다.

성경 전체의 문맥에서 유유히 흐르는 절대적인 진리는
하나님의 구속사(Redemption of God)이다. 하나님께서
인간을 구원하시는 모든 구속의 사역이 점진적인 계시를
통해 인간에게 전달된 것이다

제**10**장

성경해석 원리_첫 번째

석의(釋義)의 실제-②

Actual of Exegesis(commentary)-1

5. 1부 : 본문 석의 들어가기(Introduction)

A. Demarcation-1 : 진노와 진멸(7-14절)

A.1 (God will the wrath & the destroy)

이스라엘의 우상숭배 행위에 대해 하나님께서 진노를 표출하시는 내용과 하나님의 진노를 가라앉히기 위하여 모세가 언약에 근거하여 간절히 중보기도하는 장면이다. 하나님께서는 우상숭배로 인하여 백성들을 진멸하려 하신 것이다. 이것은 우상숭배에 대한 하나님의 공의를 표현한 것이다. 그렇지만 하나님께서는 아브라함과 세운 언약에 근거하여 완전히 파기하려 하지는 않으셨다(10b, 34:1-10). 왜냐하면, 이 언약은 약속과 은혜와 믿음으로(롬4:13-16, 갈3:16-18) 아브라함과 세운 것이기 때문이다.

한편, 하나님께서 진노하실 때, 모세가 중보로 기도하여 진노를 멈추게 한 것은 예수 그리스도께서 세우신 영원한 언약(히8:8-12, 13:20)에 근거하여 우리 죄인이 하나님의 진노에 진멸되지 않도록 중보기도한 것을 예표(typology)[133]한다고 본다(롬8:34, 히7:25).

A.2 Go, get thee down
"… have corrupted themselves thy people"(32:7).

'Go, get thee down'(KJV)는 '가라, 너는 내려가라'이다. 여기에서 히브리 원어가 기록된 바로는 '- ךֵל'(레크) 'ד ר'(레드)는 두 개의 명령형 동사가 연결된 형태로서 문자적으로 "너는 가라, 내려가라"는 뜻이다.[134] 이는 '가라'는 의미를 반복 강조한 말이다. 70인역(LXX)은 '서둘러서 걸어라 여기서부터 내려가라' 번역하고 있다. 참고로 RSV와 NIV는 '내려가라'(Go down)로 기록하고 있다. 이는 지금 시내 산의 거룩한 성역(聖域)의 장소가 아닌, 광야의 이스라엘 백성들이 얼마나 범죄가 심각했으면, 그 세속의 범죄 현장으로 모세에게 '너는 내려 가라'는 신속한 명령을 했겠는가? 그만큼 그들이 저지른 범죄가 하나님으로서도 심각하다는 것이다.

---

133) Soo Y. Pai, Biblical Hermeneutics-Post modernity to Apply to the ministry of the word, Seoul: Loving touch, 2015, p.106.
134) Strong Code Hebrew & Greek Dictionary-개정 4판, 서울: 로고스출판사, 2016, p.632.

A.3 "have corrupted themselves(thy people"
   (네 백성이 부패하였도다)(32:7).

하나님께서는 이제까지 이스라엘을 '내 백성'이라고 부르셨으나. 여기서는 '모세의 백성''thy people'(너의 백성)이라고 하신다. 이것은 하나님이 이스라엘 구원자가 아니라, 모세를 그들의 구원자로 말씀하신 것이다. 그 원인은 하나님과 이스라엘 간 맺은 언약(19:5-8)을 일방적으로 이스라엘이 우상숭배를 행함으로 범했기 때문이다. 그러므로 이스라엘은 하나님 백성의 자격을 상실했다는 의미로 받아들일 수 있다.

"thy people … have corrupted"('네 백성이… 부패하였도다)의 'corr- upted'의 히브리 원어의 뜻은 'שָׁחַת'(샤하트, 부패하다, 파멸하다, 망하다, 그르치다, 잃다)이다. 이것은 피엘형으로서 '악하게 행하다'(신9:12, 32:5)135)의 뜻을 지니고 있다. 이스라엘이 타락했을 뿐만 아니라 더 나아가 하나님의 원대한 구속의 계획을 망쳤다는 것을 살필 수 있다. 이 얼마나 비극적이고 허망한 일인가?!

이같이 하나님께서 책망하면서 모세에게 말씀하신 것은, 그 순간 하나님의 책망의 말씀을 듣는 모세의 믿음의 태도를 보신다. 물론 그것만 보실 뿐만 아니라 그에게 백성의 중대한 실수와 돌이킬 수 없는 범죄의 심각성을 깨닫게 하므로, 모세로 하여금 지도자로서 책임감과 이스라엘 백성을 중재(仲裁)해야 한다는 압박감을 불러일으켜 중보기도의 자세를 갖게 한다. 한편, 이스라엘 백성들에게는 심각한 경고를 전하기 위한 부가적인 목적이 있다.

---

135) Strong Code 같은 책, pp.667-668.

A.4 "I have seen this people, and, behold, it is a stiffnecked people"(32:9)

1) 이 부분에 대한 직역(直譯)으로서, '내가 이 백성을 보았다. 그런데 보라, 이는 목이 곧은 백성이다'로 할 수 있다. 이중 한글 개역성경에 번역되지 않은, '그런데 보라'는 뜻은, 보통 사람(이방인)들이 체험하지 못할 하나님의 놀라운 은혜를 체험하고도 모세라는 지도자가 없는 사이를 틈타서 금송아지를 만들어 그것을 하나님 대신 섬겼다는 행위를 보고 놀람과 경악과 분개와 한탄을 표시하는 말이다. 이 역시, 하나님께서 '병행법'의 '동의적'인 해석원리를 사용하신 것을 볼 수 있다. "이 백성을 '보았다'"'보았다', "그런데 '보라'".136)

2) '목이 곧은 백성'은 '목이 빳빳한', '멍에를 씌우거나 부리기가 어려운'이란 뜻이다. 하나님께서 백성들이 말을 듣지 않으면 멍에를 씌어서라도 부려야 하는데, 이스라엘 백성이 짐승처럼 목을 너무 빳빳하게 버티므로 다루기가 어렵다는 말이다. 이런 현상의 상황들은 한쪽으로는 하나님의 인내심을 시험할 정도로 이스라엘 백성의 불순종의 도를 어느 정도 짐작하게 하며, 그 결과 하나님의 실망감을 나타내는 말씀을 말하고 있다.

A.5 "Now therefore let me alone, that my wrath may wax hot against them, and that I may consume them"(32:10).

1) 'Now therefore let me alone'(그런즉 나대로 하게 하라)에 해당하는 본문의 히브리 원어는 '웨아타 한니하 리'이다, 이를 직역하면, '그러므로 이제 나를 홀로 있게 하라'이다. 'וְעַתָּה'(웨아타)는 와

---

136) Soo Y. Pai, 같은 책, pp.128-129.

우 접속사와 부사 아타의 결합어로서 'Now therefore'(그런즉 이제)라는 뜻이다.[137]

2) '한니하 리'는 앞의 한니하와 리의 연합된 문구로서, 'Let me alone'(나를 홀로 두라)는 본 소논문에 사용된 KJV와 마찬가지로, RSV, NIV가 번역하고 있다. 더 함축된 의미는 그 목을 빳빳하게 구는 이스라엘 백성들에 대하여 하나님께서 '나한테 그들을 간섭하게 하지 말고 나를 내버려 두라. 더이상 나를 괴롭히지 말라'고 말씀한다. 얼마나 이스라엘에게 실망하고 그 나머지 분하셨으면, 세계민족 가운데 단 한 민족, 이스라엘을 선택한 언약이 무색하도록 협오감이 들게 표현하고 계시는가? 그것은 그들의 죄악과 타락됨으로 인해 너무나 상심이 크신 하나님의 심중이 매우 상하신 모습을 보고 있다.

혹시 나를 하나님께서 온전하게 만들어 가시기 위해 자신이 상처를 입으면서까지 나를 새롭게 하지 않았는가를 생각하게 하는 대목이다. 그리스도인 사역자, 목회자로서 일단 ㅎ님의 백성이라면 깊은 내면의 세계로 돌입해애 할 것이다. 자기만족, 자기중심, 아집의 웅지에서 벗어나는 그의 백성이 되는 것이 성경적 교훈을 따르는 그리스도인이다.[138]

3) '내가 그들에게 진노하여 그들을 진멸하고'를 직역해 보면, '그리고 나의 노(怒)가 그들에게 맹렬할 것이다..그리고 내가 그들을 삼킬 것이다'이다. 결국, "이스라엘 우상숭배의 죄악을 끝장내 버릴 것이다"라고 하나님께서 그의 의지를 강하게 드러내고 있다.

---

137) Strong Code, 같은 책, p.346.
138) 이연의, 성경적 사역자의 품성과 자질 만들기, 서울: 러빙터치, 2017, pp.200-201.

이렇게 이스라엘 백성의 금송아지 우상숭배의 현장의 상황이 심각할수록 모세에게 중재자로서 지도력과 책임감이 더욱 무겁게 모세를 짓누른다고 생각하면, 모세의 진퇴양난(進退兩難)의 입장을 우리는 외면할 수가 없을 것이다. 그러나 그리스도인으로서 사역자는 사역 현장이나 삶의 현장에서 움직이는 행동의 목적에 대한 의식이 분명해야 할 것을 요구한다(요일3:7). 그 행동하는 근본과 본질은 그리스도의 의로움에 근거를 두고 영적 관계성 안에서 행위를 보여주는 것을 강조한다.139)

6. 2부 : 본문 석의 Outline

B. Demarcation 2 : 사려 깊은 중보기도(11-14절)
(Moses' Intercession and thoughtfulness)

B.1 "Moses besought the LORD his God, ···why
doth thy wrath wax hot against thy people"(32:11).

1) 드디어 하나님의 기대에 부응하여 모세는 이스라엘을 위하여 중보의 기도를 드린다. 하나님은 이스라엘에 대하여 모세에게 '네 백성'(7절)이라고 했다. 그러나 모세는 'thy people'(주의 백성)이라고 말하면서 중보기도를 드리기 시작한다. '모세가 하나님 여호와께 구하여'를 직역하면 '그리고 모세가 여호와의 얼굴을 구하였다'이다.

2.)'여호와께'에 해당하는 의미는 '여호와의 얼굴' 혹은 '여호와의 면전'이라는 뜻이다. 본문 역 KJV는 RSV와 같은 '주께'(the

---

139) 이연의 같은 책, pp.206-207.

Lord)로 번역하고 있다. NIV는 '주의 호의(얼굴)를'(the favor of the Lord)로 기록하고 있다. 모세는 중보기도의 자세로 돌입하면서 'Coram Deo'(코람데오, 하나님 앞에서)의 의미는, 하나님의 얼굴을 마주 대면하듯 그의 면전 앞에서 조금도 허황되거나 형식적인 모습이 아니라 진정한 중재자의 태도를 지니고 한 민족의 운명을 하나님께서 쥐고 계시므로 그 하나님에게 나아가 중보로 기도할 내용을 하나씩 꺼내기 시작하는 것이다.

이 자세야말로 한 나라의 전 민족에 대한 기도자로서 얼마나 사려 깊은 기도자의 진지한 모습인가? 한 나라의 이런 기도자가 있다면 미래는 불확실해도 그 민족은 행복을 향해 가게 되는 것이다.

B.2 "And the LORD repented of he thought"(32:14).

1) 하나님은 모세의 중보를 기뻐하셨다. 그의 중보로 하나님은 분노를 멈추시고 진정하셨다. 하나님은 노를 그치고 돌이키신 것이다. 'The LORD repented of he thought'(여호와께서 뜻을 돌이키사)의 본문의 다른 뜻은 "그리고 하나님께서 후회하셨다'는 것이다".'후회 하셨다'는 '한숨 쉬다', '뉘우치다', '후회하다', 동정하다'의 의미를 담고 있다. 하나님께서 행하신 내적 태도를 묘사하는 말이다. 하나님 의 약속과 그의 계획은 경고의 상대인 이스라엘 백성의 반응에 따라 조건적임을 살필 수 있다(겔33:1-16).

2) 모세의 중보기도의 중심 사상은 철저하게 하나님의 영광과 뜻을 존중하는 내용이었다. 그러기에 그의 기도는 하나님께서 응답 될 수 있었지만, 응답되기가 매우 곤란한 기도내용이었다. 당시 이스 라엘이 겪어야 할 상황은 절망적이고 암담한 것이었으나, 하나님 영

광을 먼저 구하는 기도와 믿음의 응답이었다. 그러므로 모세의 기도
에서 교훈을 얻고 그 자세를 배워야 할 것을 보여주었다(마6:33).

7. 2부 : 본문 석의 Outline

C. <u>Demarcation 3</u> : 목숨 건 탄원 (30-34절)
(Moses' besought to risk one's life)

C.1 조망(survey)

모세가 두 번째로 이스라엘을 대표하는 중보자로서 하나님께 그들의
죄를 사해 줄 것을 간구하고 있는 부분이다. 여기서 첫 번째 간구는
하나님께서 이스라엘 백성에게 내리시기로 하신 화를 하나님의 편에
서 언약을 위하여 내리지 마시기를 간구하고 있는 것인데 반해, 본
란의 두 번째 간구는 이스라엘 편에서 이스라엘이 멸망하지 않도록
죄 사함을 간구하고 있다. 이것은 모세가 하나님과 이스라엘 사이에
서서 그 관계를 위해 여러모로 중재하고 있음을 잘 나타내고 있다
(갈4:20).

C.2 본문 석의

1) "I will go up unto the LORD"(32:30).

1차적으로 다시 산으로 올라간다는 뜻이다(참조,19:16-25 본문 강해
도표 자료, 시내산과 모세) 한편 이에 해당하는 히브리어 어근 '알라'에서
'번제를 뜻하는 '?אֹל'(올라)에서 '번제'를 뜻하는 '올라'가 생겨났으므
로, 이 말에는 일종의 제사 개념이 포함된 것이다.[140] 즉 모세가 산

---

140) Strong Code, 같은 책, p.523.

에 올라간 것은 백성들을 위한 대속제사를 드리러 간 것을 알 수 있다. 이 제사는 수천 년 후에 예수 그리스도께서 자신을 희생 제물로 내놓고 십자가를 지신 구속역사의 예표적인 제사라고 할 수 있다.

2) "And Moses returned unto the LORD, and said, Oh, this people have sinned a great sin, and have made them gods of gold"(32:31).
모세는 이미 범죄한 백성들을 위하여 하나님께 간절히 탄원한 결과, 이스라엘 모든 백성들이 다 진멸하는 비참하고 급한 위기에서 하나님의 뜻을 돌이켜 놓은 적이 있다(14절). 그러나 그것은 징벌의 경감(輕減)에 불과한 것이었다. 완전한 사면에 대한 약속을 얻어낸 것은 아니다. 모세는 백성을 위하여 하나님께 온전한 사죄를 탄원하고 있다. 우리에게도 모세의 기도 자세가 필요하다. 지금까지 일상적 삶에서 죄에 대한 일시적 회피만 했다. 근본적 방어가 부족했음을 깨닫고 이에 대하여 철저한 대비를 해야 하겠다.

3) Yet now, if thou wilt forgive their sin− : "and if not, blot me, I pray thee, out of thy book which thou hast written"(32:32).
모세의 기도는 매우 간절하다. 'if thou wilt forgive their sin', 이 구절을 직역하게 되면, '만약 합의하시면 이제 그들의 죄를 사하시옵소서' 번역된 히브리어 '합의하시면'이란 말은 '임 티사'의 히브리 원어이며, 이 뜻은 '만약 용서하십시오'. 혹은 '가능하면 용서하십시오'로 되어있다(If you will, forgive). 그래서 결론으로 '용서하실 수 있거든… 용서하소서1'이다.

4) "I will visit their sin upon them"(32:34).
하나님은 자신의 이름을 지워서라도 백성들의 죄를 용서에 대한 간구를 거절하다. 그리고 백성을 인도할 사자에 대해 말씀하신다. 과거에는 하나님께서 이들을 인도하셨으나, 이제는 모세와 하나님의 사자가 이 일을 한다. 이것은 분명한 퇴보이다. 또한 하나님께서는 이들의 죄를 보응할 때가 오면 보응하실 것이라고 말씀하신다. 'I will visit their sin'(보응하리라)는 장차 있게 될 하나님의 간섭과 그의 심판을 예고하고 있다.

여기서 '보응'의 원어, 'פָקַדְתִּי'(포크디)는 부정적인 목적을 갖고 '방문하다' 계산하다, 심판하다, '벌하다'를 의미하면서 더 나아가 '내가 계산할 것이다', 혹은 '내가 심판할 것이다'이다.[141] Kjv, Rsv는 '내가 방문할 것이다'(I will visit), NIV, LB은 '내가 처벌할 것이다'(I will punish)이다.

ii. 결 론

1. 본 글의 요약(Outline)

A. Outline & Process/모세의 중보기도 전후 과정
지금까지 이스라엘 백성이 하나님 앞에 범죄 도가니에서 구출을 위한 중보기도에서 모세가 취한 조처를 7가지로 정리해 보면 다음과 같다는 것을 곧 알수 있다.

A.1 사실 파악-이스라엘 백성들의 범죄의 사실을 하나님으로부터 전해 듣는다(7-10절).

---

141) Strong Code, 같은 책, p.554.

A.2 중보 기도(1)-이스라엘 백성의 생명을 위한 중보기도를 했다(11-13절).

A.3 사건 규명-이스라엘 백성의 범죄에 대한 사건을 직접 파악했다(15-18절).

A.4 범죄 중단-매우 우려스러운 범죄행위를 중단시켰다(19,20절).

A.5 원인 규명-사태의 원인을 규명하여 책임을 물었다(21-24절).

A.6 형벌 부과-그에 따른 형벌을 장본인 되는 이스라엘 백성에게 가했다(25-29절).

A.7 사건 종결-이스라엘이 범한 사죄의 중보기도를 드림으로 사건을 종결시켰다(30-35절).

2. Survey & Collection/ 모세의 중보기도 모음/출애굽기 〈Table-8〉

중보자	중보기도의 내용	주제 설명	관련성구
모세	아말렉과의 싸움에서 이스라엘의 승리를 위하여 연합 기도함	모세의 전적인 의뢰와 단결/ 여호와 닛시 (여호와의 승리)체험	출17:9-12
	이스라엘이 모세의 부재를 틈타, 금송아지를 만들어 우상숭배 한 죄로부터 구원을 요청함	하나님의 진노와 진멸/ 모세의 백성에 대한 사려 깊음/모세의 목숨 건 탄원	출32:7-14, 30-34
	여호와가 이스라엘과 함께함으로 세상에서 거룩한 백성으로 삶을 이루도록 간구함	긍정의 요청과 임재의 응답/ 세속(이방)과 거룩 (이스라엘)의 구별	출33:12-18
	이스라엘 백성 죄를 사하여 주의 기업(소유) 되기 위한 간구함	하나님의 은총과 그의 소유된 고백이 포함된 중보기도	출34:8-10

동일한 인물이 동일한 주제를 가지고 동일한 방법으로 드려지는 중보기도인데 그 효과는 확연한 다름으로 드러나는 이유는 무엇일까?

3. 자신의 해석으로 풀어낸 본문 정리

A. 모세의 중보기도 Demarcation Instructions

횟수	기도의 근거	기도의 품격	반응
1차 중보기도 (출32: 11-13)	언약에 근거한 중보기도 (하나님 진노로부터 벗어나도록)	모세의 사려 깊은 간구 -언약에 준함 "온 땅을 너희의 자손에게 주어 영원한 기업이 되게 하리라 하셨나이다"(13b)	진노의 뜻을 돌이킴 (14a)
2차 중보기도 (출32: 30-34)	사랑에 근거한 중보기도 (하나님 진노로부터 벗어나도록)	모세의 목숨 건 탄원 -사랑에 준함 "주께서 기록하신 책에서 내 이름을 지워 버려 주옵소서"(32b)	가나안으로 인도함 (34a)

〈Table-9〉

B. 첫 번째 중보기도(11-13절)

B.1 모세는 하나님 편에 서서 언약에 근거한 진노를 해소를 위한 기도를 했다.

B.2 하나님께서 이스라엘을 징벌(懲罰, 불같은 맹렬한)하여 죽이기로 한 작전에 돌이켰다.

B.3 과거 선조들(아브라함, 이삭, 야곱)에게 약속하신 근거로 기도한 것은 하나님의 신실하심을 붙들고 있는 모세를 보았고, 그 힘은 백성에 대한 사려가 매우 깊은 행위로 드러나고 있다.

C. 두 번째 중보기도(30-34절)

C.1 모세는 이스라엘 편에 서서 사랑에 근거한 진멸을 해소를 위한 기도를 했다.

C.2 하나님께서 이스라엘을 광야에서 멸하듯, 생명록서 지우는 징벌을 면해 주었다.

C.3 모세가 목숨을 걸고 중보로 탄원하는 그 모습을 보신 하나님은 자신의 사랑의 속성을 닮아가는 모세를 보시고 백성들의 징벌을 면해 주기로 하셨다.

C.4 하나님과 백성, 연결 중보자_지속적인 헌신, 인내의 기도 행위, 이것은 모세의 중보기도가 얼마나 역사하는 힘이 큰 것인가를 단번에 보여주고 있다. 그 원인은 그의 '의인다운 인격'(義人, A personality as a righteous person)에서 찾을 수 있다(약5:16).

4. 모세의 중보기도 교훈을 [어떻게 설교할 것인가?]

설교 ⏐ "코람데오의 정신으로 살아가야 합니다"

본문은 이스라엘의 40년 광야여정 가운데서 이스라엘 공동체가 벌인 범죄의 도가니가 사나운 불로 끓고 있는 가운데서 필경 그들은 그 죄의 결과로 진벌로 막을 내릴 뻔한 나레티브에서 기사회생하는 지도자 모세의 중보기도가 빛을 발하여 한 민족을 살리는 역사가 엄연히 기록되어 있습니다.

이스라엘의 범죄와 모세의 중보기도, 그리고 하나님의 관용이라는 트라이앵글의 원리와 조합이 오늘 본문 안에는 보석과 같이 빛나고 있습니다. 그 가운데서 가정 주목해야 할 부분이 하나님의 관용이고, 다음은 모세의 중보기도입니다. 물론 이스라엘의 범죄는 늘 상 경계해야 할 사항입니다.

말씀드린 대로 세 가지의 항목을 생각하면 그 중심에 모세의 중재가 있었습니다. 인류역사상 예수님 다음으로 모세가 위대한 중보기도 사례를 성경의 기록으로 남긴 것은 그 누구도 부인하지 못할 사건입니다. 그가 그렇게 살았던 원리는 '코람데오 정신'(The spirit of coram Deo)으로 살았기 때문에 가능했던 것입니다. 오늘 우리는 본문으로부터 모세의 중보기도에 대한 교훈을 찾기 위해 다음 몇 가지의 교훈을 얻을 수 있습니다.

A. '코람데오(Coram Deo)의 정신'으로 살아가야 합니다.

이 말은 라틴어로서 그 의미는 "하나님이 지켜보시는 앞에서", 혹은 "하나님의 '면 전'(얼굴 앞)에서"입니다. 모세는 하나님이 지켜보시는 그 앞에서 살아가는 정신과 자세의 믿음의 라인을 지켰습니다. 인간은 언제 가장 진지해지느냐 하면, 하나님 앞에 설 때입니다. 바로 이로 인해 '신전 의식'(神前意識, Thought of before God)의 신학적인 용어가 사용되었고, 이 신전의식은 우리의 신앙의 본질입니다. 모세는 바로 구약시대에서부터 하나님 앞에서 사는 신전의식의 신앙의 본질을 놓치지 않고 일생을 살았습니다.

아마 그리스도인이라면 누구라도 성경에서 가장 위대한 영향력을 끼친 인물을 뽑으라고 하면 단연코 모세를 추천할 것입니다. 하나님은 전지전능하시고, 무소부재(無所不在)하시고, 불멸하시는 존재입니다. 모세는 그분과의 관계적인 개념을 송두리째 바꿔 놓은 것입니다. 이스라엘 백성 누구나 하나님 이름조차 부르기 어려운 존재였습니다. 그러나 모세는 '하나님과 말하기'(with telling) 하나님께 순종하기(to obeying), 하나님의 말씀으로 살아가기(by living) 등을 언제나 코람데오 정신으로 준행했기 때문에 이스라엘의 전 민족이 떼죽음을 당할 위기를 새로운 기회로 바꿀 수 있었던 것입니다.

> | 코람데오의 정신은 사람이 하나님 앞에서 살아갈 때 사람이 보든지 안 보든지 항상 하나님 앞에 서있는 것과 같은 마음과 태도를 가지고 삶을 이루는 것입니다 |

이런 사람에게 어떤 위기와 고난이 닥쳐도 그것을 극복(overcome)하는 승리하는 삶을 이룰 수 있습니다.

B. 자신의 모든 시간을 '코람데오의 정신'으로 살아야 합니다.
오늘 본문에서 이스라엘 백성은 하나님과의 단절(Disconnection)을 넘어서서 절대 절명의 위기를 당했습니다. 곧 어떤 관계든지 단절은 위기를 가져옵니다. 인간의 모든 능력과 수단 방법, 지략을 짜내도 오늘 본문의 이스라엘이 자신들이 스스로 지어낸 범죄 앞에서의 전 민족이 하나님께서 공의 기준으로 심판(죽임)하고자 하는 위기 앞에서 피할 길이 없습니다. 왜 이런 결과가 빚어진 것입니까? 그것은 하나님 앞에서의 삶, 코람데오의 정신으로 살지 못한 명백한 결과라는 것입니다. 즉 '살지 못했다'는 것은 다른 표현으로, 시간을 무의미하게 보냈다는 것(It spent time)입니다.
모세는 어떻게 살았습니까? 그는 부분적인 실수와 혈기가 있어서 순간순간마다 자신의 행위를 자책하고 무능함을 고백하면서 살았습니다. 그것은 바로 하나님 앞에서 자신에게 주어진 정해진 시간 안에서 코람데오의 정신으로 살았기 때문에 순간적인 결과, 실수해도 회개한 상태로(returned) 성공해도, 겸손한 대로(humbled), 큰 업적을 남

기고도, 하나님께로 영광(glorified)을 돌렸기 때문에 모세는 시간 사용에 있어서 올바른 모범을 우리에게 보여주고 있습니다. 모세처럼 자신의 성찰과 겸손과 그리고 영광스러운 삶을 이룰 수 있습니다.

코람데오의 시간은, 지금 당신이 이루는 시간이 <u>아벨처럼 떠오르는 태양을 향하고 있습니까? 가인처럼 지는 태양을 향하고 있습니까? 하나님 면전(面前)에서의 시간을 이뤄 가십시오.</u>

Are you facing the rising sun like Abel?
Are you facing the setting sun like Cain?
Make time in front of God's face.

C. 자신의 삶의 영역에서 코람데오의 정신을 보여줘야 합니다.

코람데오의 정신은 자신이 사는 큰 시간이나 작은 시간이나 동일한 개념으로 행하는 것입니다. 모세가 하나님과 이스라엘 백성과의 중재 라인에서 이룩한 큰 사역이 있습니다. 그것은 '영적인 혁신'(Spiritual innovation)이라고 말할 수 있습니다. 당시, 하나님 앞에서 대부분의 이스라엘 사람들은 보편적으로 그들은 시간사용을 코람데오 정신으로 사용한 것이 아니었습니다. 그저 그렇게 주어진 대로 살있다는 말입니다.

그러나 하나님의 백성의 삶은 '무의식'(consciousless)이나 '노비전'(vision less)으로 살아갈 수 없습니다. 이런 삶의 결과는 반드시 그 원인에서 찾을 수 있습니다. 이스라엘 공동체 전체와 주변국과 세계 민족에게 '하나님과의 관계에서 일대 패러다임을 바꾸는 역사'를 보여줬다고 감히 말할 수 있습니다. (설교 끝).

〈Table-10〉 설교 본문-"코람데오로 살아갑시다!"

5. 모세의 중보기도는 우리에게 무엇을 전하기를 바라는가?

　A. 타락한 인간 본성을 억제하면서 성령에 이끌림을 받는다.
성경은 아담과 화와의 타락이 인간에게 전적인 부패와 영육간의 사
망을 가지고 왔다고 강조한다. 타락이 하나님 형상으로 지어진 인간
에게 미친 영향력을 디테일하게 성찰하므로 축복에서 멀어지고 저주
에서 가까워지는 모순을 생산하지 말아야 할 것이다. 그러므로 '하나
님의 백성'(The People of God)이라면, 타락한 인간의 본성을 자제하면
서 이스라엘이 범했던 실수를 억누르고 성령의 능력에 이끌림을 받아
야 할 것이다.

　B. 자아 상실감을 갖는 인간은 늘 불안함에 젖어 산다.
인간의 타락의 손상은 우선 하나님에 대한 반감(反感)을 갖게 하는
본성이 있다. 그 반감은 우상숭배로 나타난다. 왜 하나님께 반감을
갖게 될까? 그것은 완전하신 하나님께 경외심과 순종을 못하게 한
다. 타락의 본성은 하나님께 반(反)하는(Against to God) 감정이 인간의
본성을 자극한다. 따라서 자아상실감이 하나님 대신 다른 신을 경배
하며 우상을 향하게 된다. 자아 상실감을 갖는 인간은 늘 불안을 느
끼고 살아야 함이 안타깝기만 하다.

　C. 저주를 끊고 축복을 제시하는 위대한 영도자의 자취를 느낀다!
저주의 광야에서 이스라엘이 우상을 숭배했던 결과는 빤하게도 저주
를 받았어야 한다. 그러나 하나님의 섭리하심은 언제나 극단적인 한
길 만 허락하지 않는다. 그것은 누구라도 예상하지 못한 모세라는

신실한 지도자를 예비해 두셨다는 것이다. 그를 통해 한 치 앞도 시야를 허락하지 않는 어둠을 뚫고 하늘의 광명을 향하여 외치는 절규를 들어야 한다. 자신의 목숨 줄을 담보로 하나님께 이스라엘 백성의 저주를 끊고 오히려 축복의 길을 제시하는 위대한 영도자의 자취를 느끼는 것이 이 글의 마지막 메시지이다.

D. 절망의 심연에서 희망의 환희를 갖는 것이다.

하나님의 특권과 은혜가 언제나 우리 안에 허락되어 있지만, 이런 조건들을 쉽게 저버리는 인간성, 스스로 노예로 되돌아가려는 습성을 경계해야 한다. 오늘 모세는 이스라엘을 절망의 심연에서 희망의 환희를 제시하고 있다. 대략 삼천 오백년의 역사적인 시공간을 초월하여 모세의 음성을 들어야 할 것이다. 광야 한가운데서 인간의 저주와 혼란으로 뒤범벅 된 오염의 광야에서 천국의 생명의 메시지를 전하고 있는 그를 생각하면서 …!.

제11장

성경해석 원리-두 번째

계시 전달/문법적 해석

Bible Interpretation Principles-1

i. 성경-하나님의 뜻 계시 전달

1. 거룩한 성경을 인간에게 계시

'본질적으로 거룩하지 못한 존재는 인간'(Essentially, the person who is not holy is human)이라고 성경은 기록으로 증거하고 있다. 그런데 인간으로서 거룩함의 대표격인 성격을 지니고 있었다는 것, 그 자체가 기적이며, 백번 감사할 일이다. 성경이 인간에게 배달(配達)한 핵심적인 교훈은 하나님께서 그의 뜻을 인간에게 계시해 주시기 위해서 성경을 주신 것이라고 이해하는 것이다.

A. 범죄 한 인간을 어떻게 구속하셨는가?

성경의 본론적인 진술은 하나님께서 범죄한 인간을 어떻게 구속하셨는지에 대해 명백하게 밝히고 있다. 그러나 성경은 매우 오래고 먼 시대적인 차이를 두고 기록되었기 때문에 성경 안에 기록된 언어는 히브리어와 헬라어 그리고 아람어 등이다. 이에 반해 그 성경을 전수 받은 당사자는 현대인이며 교회의 공동체 사명을 가지고 있다. 오늘의 현대인과 그 공동체는 성경을 해석하고 성경에 대한 진의를 파악하면서 하나님의 진정한 뜻을 깨달아 사역을 이루어 가야 할 것이다.

B. 진리 가운데 거하기 바란다

교단과 교파가 다르고 믿는 신조와 교리가 다르다 해도, 우리가 받아든 성경은 살아있는 하나님의 말씀이며 교훈(a instruction)이다. 또 거기서 성경 해석의 차이나 견해, 그리고 결과가 다르다 해도, 하나님께서 계시하신 뜻은 오직 한가지이다.

본 코너는 그러한 다름을 하나로 해석하는 결과에 이르기를 원하는 마음이 간절할 뿐이다. 그에 관하여 올바른 성경 해석에 대한 '원리를 제시하고'(Present a principle) '해석을 가하게 하여'(lead to interpretation) '말씀 따라 살아가는'(living by the word) '진리 가운데 거하기'(Stay in the truth)를 바란다.

2. 성경 해석학의 법칙

성경 해석학은 성경에 대하여 해석의 원리, 법칙, 방법을 가르치는 학문이다. 성경 해석학이 학문이라는 뜻은 성경 해석학이 법칙을 가지고 있기 때문이다.

또 이 법칙들이 질서 있는 체계로 구분되어 있다. 성경 해석학의 단어 자체가 '번역하다'는 기능을 지니고 있으므로 이에 대한 성경 해석의 법칙을 체계화 조직화하는 과학이라는 의미로 사용되었음을 익히 알고 연구해 가야 할 것이다.[142]

ⅱ. 성경해석과 관련된 주제별 용어 설명

1. 성경 해석학과 주제별 용어

성경을 해석하는 관련 용어들은 해석학적(解釋學的) 입장에서 파생되다시피 한 용어들이 적지 않다. 그러므로 성경 해석학 안에는 해석(解釋), 주석(註釋), 주해(註解), 주경(註經), 석의(釋義), 강해(講解)라는 주제별 용어가 존재한다. 그 용어들이 가진 의미는 성경을 해석하는 데 동일한 개념을 지니고 있으며 본 과목(성경 해석학)의 학문성을 더욱 튼실하게 세워가는 데 한 몫을 다해 왔던 것을 볼 수 있다.

이 용어들은 모두 동일한 의미를 가진 것은 사실이지만, 성경 해석상의 실제 상황이나 실례에 혼용(混用)하지 않고 바르게 사용하고자 하여 각 용어가 지닌 주제별로 의미를 세밀하게 살펴보면 다음과 같으므로 성경해석에 대한 이해를 충분히 했으면 할 것이다.

---

142) 배수영, 성경해석학, 서울: 도서출판 러빙터치, 2020, pp.62-63.

A. 해석학 (Hermeneutics)

해석학(Hermeneutics)은 해석에 관한 학문과 지식을 다루는 학문적인 용어이다. 동일한 의미이지만 다른 '해석학'(Biblical Interpretation)과 '해석'은 성경 해석에 관련된 용어로서 넓은 의미로 사용되고 있기도 하다.

여기서는 해석학을 '성경 해석학'으로 설명하여 그 가치를 더 밝혀보기로 한다. '성경 해석학'(Hermeneutics) 용어는 헬라어 사전에 기

〈Table-11〉 **성경 해석과 관련된 용어**

성경 해석학과 관련된 주제별 용어

① **해석학**(Hermeneutics)
성경 해석학에서 넓은 의미로 사용됨

② **해석**(Interpretation)
그에 관한 사항을 해석하는 것이다

③ **주석**(Commentary)
단락 내지는 일부 구절들을 택하여 '뜻풀이'(해석)를 하는 것이다

④ **석의**(Exegesis)
본문(text)의 의도를 정확하게 파악하려는 작업을 말한다

⑤ **주해, 주경**(Exegesis)
성경 안에 감추어진 진리와 교훈의 권위와 가치의 의미를 밝힌다

⑥ **강해**(Exposition)
성경을 성경적으로 해석하는 것, 작업을 말한다

"지혜 있는 자는 강하고 지식 있는 자는 힘을 더하나니"(잠24:5).

성경 해석학과 관련된 용어 여섯 가지

록된 용어 설명에서 확실해진다. 'ἑρμηνεῖν'-허메뉴인 동사는 '설명하다', '해석하다' 혹은 '번역하다'란 의미를 가지고 있다. 해석해야 하는 대상(對象)이 신적(神的)인 것이냐 인간적(人間的)인 것이냐를 막론하고 그것을 설명하면서 소개한다고 하면 다음과 같이 'ἑρμηνεύω'-허메뉴오의 의미의 용어를 사용하게 된다. 동시에 'ἑρμηνεία'-허메

네이아의 명사는 '해석'이나 혹은 '번역'이란 의미를 지니고 있다.143)

B. 해석(Interpretation)

해석(Interpretation)은 포괄적인 개념으로서 그 무엇에 대한 것이나, 또 해석을 실행하기 위하여 그에 관한 사항을 해석하는 것을 말한다. 그러나 본서에서 해석을 말할 때, 교회, 사회, 세상을 변화시키는 힘으로서의 해석의 힘을 말할 수 있다. 인간은 해석하는 동물이다. 인간은 자신의 주위에 대한 모든 것들을 보고, 느끼고, 생각하여 언어로 표현하는 해석적 기능과 함께 그 기능을 사용하도록 창조되었다.

창조에게 창조된 아담이 인류 최초로 한 일은 성경을 해석한 행위였다(창 2:19-23).. 성경학자, 니콜스 울터스토프(Nicholas Wolterstorff)는 "해석이란 우리의 삶에 스며있어서 피할 수 없고 성경에 대한 해석 없이 인간은 이 세상에서 온전하게 살아갈 수 없다"고 했다.144)

C. 주석(Commentary)

성경 해석작업에서 주석의 표현으로서 **주석**(註釋)은 Commentary'-쿔멘타리이며 이 용어의 의미는 '무엇에 대하여 설명한다'는 것을 말한다. 곧 주석은 어느 일정 본문 내에서 단락 내지는 어느 일부 구절을 택해서 뜻풀이하면서 진행하는 과정으로 구성하게 된다. 즉, 본문 전체가 아닌 한 구절씩에 대하여 어귀(語句)의 뜻풀이 중심으로 해석하는 것이다. 성경을 해석하여 주(註)를 다는 것을 주석이라고 한다.

---

143) William W. Klein, Craig L. Blomberg, Robert L. Hubbard,
   Introduction to Biblical Interpretation, Jr. Word, Inc., Nashville, 1993, p.34.
144) 안명준, '칼빈 해석학과 신학의 유산', 서울: 기독교문서선교회, 2009, pp.102-104.

일반적으로 석의는 '주석을 하는 행위'를 뜻하고, 주석은 '주석 책'을 가리킨다.

D. 석의(Exegesis)

석의의 참된 목적은 본문(text)의 의도를 정확하게 파악하려는 작업이다. **석의**는 성경 본문의 진술과 자구(字句)의 의미를 결정하는 것이다. 더 나아가서 성경연구에서 찾은 움직일 수 없는 진리는 조직신학의 기초까지 적용할 수 있다. 석의라는 연구부분은 성경 해석학에서 기초를 이룬다. 또한 성경 본문에 언급된 각 단어의 의미나 각 품사의 용법 등을 면밀하게 연구하여 저자의 의도와 그 문맥이 요구하는 사상 및 성경 전체에서 구하는 가르침을 밝히는 데 관심을 갖는다.

루터와 칼빈은 성경을 정확하게 해석하기 위하여 인문주의자들의 언어적-역사적 해석 방법을 채택하여 시행했다. 그들은 이 방법을 통하여 중세기 해석자들의 4중적 의미의 해석을 반대하고 역사적이며 문자적 의미를 강조했다.[145]

E. 주해, 주경

주해는 주경(註經)이라고도 하며 영어로는 'Exegesis'엑서지시스 라고 하는데, 어원적으로는 '길을 안내하다, 설명하다, 나타내다'의 뜻을 가진 헬라어 εξήγησι '엑세게세'이다. 여기서 from 이라는 전치사와 인도하다라는 뜻의 동사가 합성되어 '누구로부터 인도함을 받는다'는 뜻을 지니고 있음을 말해주고 있다.

---

145) 박형용, 성경해석의 원리, 서울: 도서출판 엠마오, 1991, pp.18-19

<u>주해</u>는 다시 세분하면 '주석'과 '석의'로 나누어진다. 주석과 석의라는 용어는 성경 해석의 사역 현장에서 서로 많이 혼용되어 사용되고 있지만 실제로 의미상에 차이를 구별해 보면 주석이 일반적으로 석의라는 말보다 좁은 의미로 쓰이고 있는 것은 사실이다.

즉, 주해(주경)의 원리를 바로 파악하는 것으로서, 인간의 이념, 사상, 경험, 가치관, 철학, 신조, 교리 등 해석자 자신의 경험과 잣대를 가지고 성경을 해석하는 사역 현장에 가는 것을 극히 삼가야 하겠다. 특히 성경을 해석하고 연구하는 사역자, 설교자, 목회자, 그리고 성경을 지도하는 인도자 등은 오직 성경만이 이 세상에서 생명을 살리는 유일한 진리라고 인정해야 할 것이다. 그러므로 성경 안에 감추어진 진리와 교훈의 권위와 가치에 대하여 정성을 다하여 섬기는 마음과 태도로 성경 앞에 서야 할 것이라고 사료 된다.

F. 강해

성경 해석의 주제별 용어로서 강해는 성경을 성경적으로 해석하는 것이라고 보는 경향이 짙다. **강해**가 말씀을 적용(application)하는 측면이 강하다고 본다. **강해**(講解)란 영어 표현으로 Exposition인데, 그것은 해석하고자 하는 말씀에 대한 의미를 해석(풀이)하는 데 그치지 않고, 강해를 통해 설교 말씀으로 듣는 성도의 실제적인 삶에 적용하도록 설득하는 것이 포함되는 것을 말한다. 그러므로 **강해 설교**(Expository preach)를 완성해 가는 과정은 본문(text)의 최초 의미를 파악한 것을 근본으로 하여 그 텍스트가 지금 나에게 무엇을 교훈하고 있는가?를 찾아내는 말씀 해석의 시도라고 말할 수 있다.

iii. 성경해석의 원리-문법적 해석

1. 문법적 해석

A. 기록 당시의 언어 특성을 고려
문법적 해석은 언어의 본질과 말씀이 기록된 당시의 히브리어, 헬라원어, 아람어 등의 특성을 고려하면서 해석하는 방법이다. 본문(text)의 문맥을 기준으로 하여 단어 위치(word location), 문장 구조(sentence structure), 비유(parable), 그리고 풍유(allegory) 등 특수한 해석법칙까지 생각하면서 해석하는 것을 말한다.146) (배수영 성경해석학에서)

B. 해석자의 일반적 준비
'문법적'(grammatical)이라는 말을 이해하여 해석작업을 할 때, 중요한 사항은 본문으로 구성되어 있는 성경 안의 문법을 기본적으로 이해하고 준비하여 해석해야 한다는 사실이다. 일반적인 사항에서 해석의 준비를 어느 정도 되어 있지 않으면, 해석자가 객관적인 선에서 조금이라도 이해되지 못한 상태에서 해석해 가야 하기 때문이다.
성경을 기록했던 저자는 해석하고자 하는 본문이 별로 탁월하지 못하거나 완벽한 문법이 아니라 해도 성경 내에 있는 그 문법 자체를 이해하고 해석에 적용하는 것이 필요하다는 말이다.

C. 성경 본문의 원저자를 이해
성경을 해석하는 해석자는 일반적으로 문법적 규칙에 따라 판단해야

한다. 혹 법칙, 규칙이 상충(相沖)되는 경우라도 성경 본문이 당시 성
경 저자들이 기록하는 문법적으로 영감에 의한 표현 방법이었다는
것으로 인식해야 한다. 그러므로 해석자는 일반적인 문법적 규칙에
비추어 성급하게 성경의 문법적 오류를 지적하기보다 오히려 성경
본문의 원저자의 뜻이 어떻게 전달되고 있는지를 간파해야 한다.147)
이어서 성경 저자(기록자)의 의도인 주제, 범위, 목적 등을 이해한다는
것을 말한다.

D. 해석을 위한 여러 길

루이스 벌콥은 문법적 해석과 역사적 해석을 가장 중요하게 여기고
신학적 해석(신비적 해석)을 필수적으로 여겼다. 그렇지만 그것도 제3의
요소로 생각했다. 이 때문에 많은 목회자가 성경해석은 문자적, 문법
적, 역사적으로 해석하고 그래도 해석되지 않을 때 영적(spirituality)인
성경해석의 원리를 받아들이게 되었다. 그러므로 벌콥의 주장에는
어떤 의미로 볼 때, 제1의 해석과 제2의 해석이 안 될 때 제3의 해
석법을 사용한다는 암시를 주고 있음을 깨달아야 할 것이다.

---

147) The Koine Greek의 문법에 맞지 않는 구문을 성경에서 찾을 수 있다. 예를 들면 계 2:20의 는
으로 하는 것이 올바른 문법적 관계이다. 왜냐하면 앞에 나오는가 대격(accusative)이기 때문에
이를 받는 다음 분사 구절도 대격으로 해야 하기 때문이다. 그러나 사도 요한은 대격을 사용하지
않고 즉시 주격(nominative)으로 바꾸어 사용한다. 또한 계9:13-14의 경우 13절에 나온 을 받는
분사가 (14절)로 되어있다. 문법적인 구조로는 (남성) 대신 (여성)이 사용 되었어야 할 것이다. 왜
냐하면 여성이기 때문이다. 따라서 해석자는 문법의 오류를 발견할 수는 있으나 그 오류가 성경
의 권위를 떨어뜨리거나 성경의 무오성에 도전하는 것은 아니라는 사실을 인식해야 한다. 왜냐하
면 문법의 구성은 사용되어진 언어를 근거로 종하 분석하고 공통점을 찾아 만들었기 때문이다.
언어의 사용이 먼저이고 그후에 문법의 구성이 있기 때문에 문법과 실제 언어 사용이 약간의 상
충이 있을 수 있는 것이다. 성경 내에 이런 상충이 약간 나타나지만 성경 저자는 성경 내에 나타
난 문법적 관계를 사용하여 그의 뜻을 명확히 전달하고 있는 것이다. 하나님이 성경 본문의 문법
적 관계로 그의 뜻을 전달하기 원한 것이다.

문자적이라고 하면, 그것은 단어가 의미하거나 요구하는 것을 그 본연의 의미 그대로 받아들이는 것이지. 신비한 의미에서 어떤 의미를 새삼스럽게 내는 것도 아니며 어떠한 비유(말의 상징) 은유나 상징도 관계되지 않는 것이다.[148)

개혁주의 성경해석자 크라벤의 문자적인 해석의 관련성을 들어보면 다음과 같다. 문자 주의자의 단순한 견해라는 것은 예언들이 정상적으로 해석되어져야 한다는 견해이다. 즉 인정된 언어의 법칙에 따라서 다른 말을 해석할 때와 같이 예언도 정상적으로 해석되어야 한다는 이론이다. 좀 더 구체적으로 말하면 명백하게 문자적으로 말한 것은 문자적으로 받아들이고 또 상징적으로 말한 것은 상징적으로 받아들이면서 정상적으로 자연스러운 해석을 해야지 무리하게 해석해서는 안 된다는 견해이다.[149)

이로 짐작해 보건대 해석의 원리는 여러 길(방법)이 있으므로 해석자는 지혜롭게 그 방법(수단)을 찾아서 개혁주의적 성경관에서 풀어가야 할 것이다.

2. 문법적 해석 시, 8가지 지침

문법적인 해석을 시행하므로 성경의 진리를 좀 더 깊게 넓게 캐치할 수 있게 된다.

---

148) 버나드 램(권혁봉역), 성경해석학, 서울: 생명의말씀사, 1970, 151
149) 버나드 램 (권혁봉역), 성경해석학, 같은 책, 152.

A-1. 용어 의미-본문 해석 시, 사용된 용어(단어)의 뜻을 포착하고 어원적 의미를 함께 찾는 연구를 시도한다.

B-2. 저자 분석-성경 해석 시 저자의 성격, 경험, 교육 수준 등을 파악하는 것이 필요하다.

C-3. 문자적 해석-본문 해석 시 문법적 해석을 시도하는 경우는 비유나 은유적 해석을 할 때가 아니어야 한다.

D-4. 한 진리 해석-한 단어에 한 가지 진리, 교훈만 해석한다. 그 교훈을 적용 시 다양하게 적용할 수 있어야 한다.

E-5. 문맥 해석-성경 해석 시, 앞뒤 문맥(context)에서 말하는 바른 의미를 포착하여 적용한다.

F-6. 성경 전체 해석-문맥(context)의 흐름을 타듯 본문의 앞뒤 문맥과 성경 전체를 하나의 의미로 해석해야 한다.

G-7. 역사적 형편 고려-올바른 해석작업은 언어가 사용되었던 당시의 역사적 형편을 이해해야 한다.

H-8. 상징적 해석-문자적 의미를 찾기 힘들 때, 상징적으로 해석 하는 방법도 있다.

3. 문학적 해석

다음 문학적 해석 단계로서 그 이슈를 생각하면 다음 같은 논리를 펼칠 수 있다. 성경은 여러 가지 문학적인 다양한 기교가 내포되어 사용된 사실을 발견할 수 있다. 과장법, 반어법, 의인법, 직유법, 은유법, 완곡어법 등이 그것이다. 그러므로 그에 적합한 성경 해석을 해야 한다는 당위성을 여기서 말할 수 있다. 그것이 바로 성경에 내포된 문학적 기교를 고려해야 하는 필수성이다.

한편, 성경엔 영적 진리를 풀어내는 작업이 성경해석으로서 그 사역은 꽤 비중이 있는 것이다. 사실 성경 해석작업은 영적인 진리를 들춰내어 교훈을 얻어내는 것이다. 한 실례로서 본문에 내재(內在)되어 있는 영적 진리의 교훈을 해석하고자 할 때, 그에 대하여 설명하면서 실제적이나 비실제적 경험을 든다는 것이다. 예수님께서 사용하셨던 비유들이 성경 본문에 많이 등장하는 것은 예수님께서 이 비유적 표현을 적절하게 사용하셨다.

이것은 그만큼 진리의 교훈을 캐내기 위해 문학적인 방법의 해석을 하셨다는 것이다. 그럴 때, 반드시 그 본문 안에 문맥이 교훈하는 진리의 요소를 찾아 증거하시곤 했다. 해석의 법칙에서 전체 의도나 목적에 합당한 한 가지의 교훈만을 찾아내는 해석을 해야 한다는 것을 예수님께서 모범적으로 지키고 행하신 것이다.[150]

4. 문맥(context) 해석의 중요성

성경 해석학의 기본 원리는 한국 기독교 교회에서 사용하고 있는 성경에서 찾을 수 있다. 본문 안에 자리한 모든 문맥은 하나님의 교훈으로 가득 채워져 있다. 하나님의 계시와 진리로 가득 찬 성경 본문에서 의미를 지니면서 가치 있는 점을 말해주고 있다. 그러면서 그 문맥에 일치되게 해석되어야 하며 그 법칙에 준하는 다섯 가지는 다음과 같다.

---

150) Terry, op. cit., p.205 : "A fundamental principle in grammatico-histori-cal exposition is that words and words and sentences can have but one significa-tion in one and the same connection."

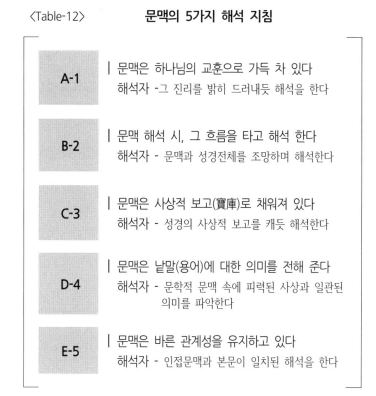

〈Table-12〉　　　　　**문맥의 5가지 해석 지침**

A-1	**문맥은 하나님의 교훈으로 가득 차 있다** 해석자 -그 진리를 밝히 드러내듯 해석을 한다
B-2	**문맥 해석 시, 그 흐름을 타고 해석 한다** 해석자 - 문맥과 성경전체를 조망하며 해석한다
C-3	**문맥은 사상적 보고(寶庫)로 채워져 있다** 해석자 - 성경의 사상적 보고를 캐듯 해석한다
D-4	**문맥은 낱말(용어)에 대한 의미를 전해 준다** 해석자 - 문학적 문맥 속에 피력된 사상과 일관된 의미를 파악한다
E-5	**문맥은 바른 관계성을 유지하고 있다** 해석자 - 인접문맥과 본문이 일치된 해석을 한다

A. 문맥엔 하나님의 교훈으로 가득 차 있다.

본문 안에 나열된 문맥은 하나님의 교훈으로 가득 차 있으므로 해석자는 그 진리를 다 드러내기까지 성경 해석에 대한 작업을 하면서 풍부한 삶에 이르도록 한다. 하나님의 계시와 진리로 가득 찬 성경 본문의 문맥에서 그 의미를 발견하는 것은, 해석에 대한 보답으로서 찾아낸 계시와 진리를 만족하면서 수긍하는 결과에 이르도록 하는 것이다.

B. 문맥(context)의 해석 시 흐름을 타듯 해석한다.

본문의 앞뒤 문맥에 배치된 성경 문장의 구조를 조망하는 관점으로 성경 전체를 하나의 의미로 해석해 나가야 한다. 설교 시, 본문의 예로서 앞부분의 단락과 뒷부분의 단락은 선별된 말씀으로서 문맥을 해석할 때, 전체를 향해 흐름을 타듯 해석해야 하는 것이다.

C. 사상적인 보고(寶庫)로 채워져 있다.

성경 본문으로 채워진 문맥은 사상적인 보고(寶庫)를 제공한다. 본문과 문맥은 성경을 지탱해주는 기본적인 기능이다. 이런 기능을 무시하는 것은 성경 저자의 사상적인 보고를 부정하는 것과 같다.

D. 문맥은 낱말(용어)에 대한 의미를 전해준다.

성경 본문을 대변하는 문맥은 낱말의 뜻을 전달해 준다. 해석학자들은 여러 가지 의미를 내포하고 있는 단어에 대해 자신들이 선택한 아무 의미나 자유롭게 채용할 수 없다. 각각의 용어는 문학적 문맥 속에 피력된 다른 사상들과 일관된 의미에 따라서 이해되어야 한다.

E. 문맥으로 형성된 단락은 바른 관계성을 유지한다

단락과 단락을 연결하는 문맥은 서로 간 바른 관계를 보여 준다. 어떤 해석이 본문의 의도된 의미로서 적합하려면, 반드시 그 해석은 인접 문맥과 본문이 속한 성경 문맥의 전체 사상과 일치해야 한다. 앞의 문맥과 뒤의 문맥이 서로 이질감으로 주게 되면 올바른 단락이 아니다.

5. 문맥과 관련한 해석학의 원리들

A. 앞부분에서 기술한 문맥의 5가지 성경해석에 대한 지침은 각 5항목의 주제를 담고 있다. 관련된 주제는 관련된 문맥(context) 내에서 가장 자연스러운 의미에 따라 해석작업을 해야 하며 이해가 동시에 따라야 한다.

B. 주제와 관련된 문맥은 그 주제를 밝혀 하나님 계시의 올바른 의미를 전달하려는 하나님의 의도(意圖)가 담겨 있다. 만일, 그것을 떠나서 해석작업이 이뤄진다면 성경의 원 저자이신 하나님의 의도를 떠난 본문으로서 해석이며, 본문을 빙자(憑藉)하는 행위가 된다.
3) 한 문맥마다 하나님의 교훈으로 담겨 있어서 그 진리를 바로 밝혀 내듯 해석한다면 여러 가지 교훈으로 다가올 것이다. 그러나 단편적이거나 짤막하거나 의도적인 성경해석자의 견해만 밝힌다면 더 넓고 깊은 말씀의 진수를 대신해 해석자의 오역(誤譯)의 가능성은 더 커지게 되는 것임을 깨달아야 한다.[151]

---

151) William W. Klein, Craig L. Blomberg, Robert L. Hubbard,
     Introduction to Biblical Interpretation, Jr. Word, Inc., Nashville, 1993, p.34.

하나님의
백성이 된
그리스도인은
어떤 상황
가운데
처하더라도
시급하게
실천해야 할
믿음의 일은
'하나님을
찬송하는
일'이다

제12장

성경해석 원리-세 번째

역사적 해석/성경적 해석
성령적(영적) 해석

Bible Interpretation Principles-2

iv. 성경해석의 원리-역사적 해석

1. 역사적 해석

역사적 방법과 문법적 방법의 병행적 해석 수단

성경해석의 큰 골격으로서 문법적 해석 다음엔 역사적 해석방법이
대두되는 것은 당연하다. 역사적 해석 방법을 이해할 때, 문법적인
방법과 분리된 상태에서의 성경 해석을 말할 수 없다. 역사적 해석
이란 문법적 해석과 함께 병행적으로 시도되는 해석방법을 말한다.

2. 본문 기록의 역사 현장으로 돌아가라

A. '당시' 저자와 독자의 시각에서 해석해야 한다

역사적 해석을 하는 방법에서 본문을 기록한 당시로 돌아가는 것을 말하는 것이다. 하나님께서 계시를 주셨을 당시, 그 시대의 언어를 사용하여 기록되어 졌기 때문이다. 그래서 당시의 역사적 배경의 맥락을 잡고 성경 해석이어서 저자나 그것을 받는 수신자(受信者)가 살고 있던 시대의 역사적 상황을 이해하고, 그 상황에 맞추어 해석되어야 한다. 즉 역사적 해석방법은 본문과의 시대, 상황(환경), 요소들을 찾아보는 방법으로서 성경이 기록된 '당시' 저자와 독자의 시각에서 성경해석 작업이 이뤄져야 한다.

B. '지금'과 연결하여 해석하는 방법

구약 예언서들의 정확한 의미를 알기 위해서는 예언서들이 기록되던 당시 이스라엘 백성들의 형편을 고려해야 하고, 복음서나 신약 서신서들의 정확한 의미를 알기 위해서는 유대인들의 역사나 전통 또는 초대교회 각 지역의 형편들을 고려해야 그 말씀들의 정확한 의미를 알 수 있다. 그러므로 해석자는 '지금'과 연결시켜 교훈을 얻는 것이다. 다만 역사적 배경은 성경 이해의 보조 수단으로만 삼는 것이다. 그리고 이 방법은 문법적 방법과 병행적으로 사용되어야 한다.

3. 역사적 사건 접근

역사적 성경 해석방법을 위하여 역사를 두 측면(a side)으로 접근해 나간다. 그 하나인 세속역사를 참조하면서 동시에 본문 안에서 발생한 거룩한 역사의 측면을 우월(優越)하게 인정하고 접근하는 것이 필요하다. 하나님의 말씀은 역사적인 방법으로 주어졌다. 당시의 역사적 사건들에 접근하고, 당시의 상황을 비추어 볼 때 더 잘 이해할 수 있음을 알 수 있다.

4. 저자의 정신 포착

> "네 하나님 여호와께서 네게 주어 차지하게 하시는 땅 곧 네 소유가
> 된 기업의 땅에서 조상이 정한 네 이웃의 경계표를 옮기지 말지니라"
> (신 19:14).

성경 해석에서 역사적 요소를 고려하여 기록자(저자)의 정신을 포착하는 것을 염두에 두는 것이어야 한다. 우선 본문 안에서 발생한 거룩한 역사의 측면을 우월(優越)하게 인정하고 해석하는 예를 들어 보면 다음과 같다.

　A. 성경의 사건 발생 당시 기록자(저자)가 성경 본문의 주역으로 활동하던 조상들의 삶(생활)의 습관 등을 그대로 인정해야 한다.
　B. 성경 해석자와 본문에 대한 해석을 통해 이해하는 독자들을 위한 이정표 등을 보전해야 한다.
　C. 역사적 성경 해석을 위해 해석하고자 하는 본문 등에 대한 도덕과 윤리적 개념을 그대로 인정해야 한다.
　D. 그 외의 기타 사항에 대하여 성경은 조금도 해석자의 임의로 해석할 수 있는 조건이 성립되지 않는다는 것을 명심해야 한다.152)

성경 기록 당시의 역사적 요소를 일일이 고려하면서 해석하라는 예를 들고 있다. 저자(기록자)의 정신, 사상적 문제, 조상의 생활 습관 등을 고려하여 그때의 상황을 고려하라는 것이다. 이것은 현재 해석하는 자의 임의대로 편집하지 말라는 말이다. 역사적 해석을 하는데 간과해서는 안 될 성경 저자가 그 말을 기록할 때, 그때의 정신을 포착(捕捉)하는 것은 엄수해야 하므로 본문의 내용 이해를 위해 본문으로 해석 여행을 하는 마음으로 역사적 해석을 해야 한다.

5. 역사적 배경 이해

우리가 저자의 글이 쓰여진 당시의 역사적 배경을 당시의 감각으로 이해할 때, 그 내용이 가깝게 다가오게 된다. 현재 상황에서, 과거로 넘나드는 이해를 하는 것이 성경을 역사적으로 파악할 수 있다.
이런 방법을 동원하면 할수록, 성경의 사실들이 시대의 수많은 시간 격차를 줄여서, 현재 해석하는 당사자에게 오게 되는 것이다.

A. 장소, 시대, 환경 고려
성경을 역사적 원리를 적용하여 해석할 때, 과거의 발생했던 장소와 시대를 고려하는 것이 중요하다. 당시의 환경이나 상황은 해석에 있어서 빼놓을 수 없는 중요한 요소이다.

한 예로서,

> "복스러운 소망과 우리의 크신 하나님 구주 예수 그리스도의 영광이
> 나타나심을 기다리게 하셨으니"(디도서 2:13).

---

152) 박형용, 성경해석의 원리, 도서출판 엠마오, 1991, p.144-146.

여기서 살펴보면, 당시 저자(기록자)인 사도 바울이 믿음의 아들, 디모데에게 보낸 목회서신(디모데전후서와 디도서) 중 디도서를 말하고 있다. 바울은 로마 옥중에서 풀려나 자유롭게 전도여행을 하던 기간, A.D.65-68년 경중 66년에 이 디도서를 기록한 것이다. 바울은 이전에 죄인의 신분이지만 로마에 올 수 있었다. 그는 로마에 입국하기 전까지 어떻게 해서든지 로마에 들어오려는 시도를 거듭하다가 이제 천신만고 끝에 로마에 들어왔다. 그러나 이 말씀을 기록할 시점은 로마에서의 마지막 순교(사형)를 내다보면서 기록한 것이라고 학자들은 말하고 있다.

B. 역사적 방법으로 선명하게 다가옴

이런 점을 감안해 보면, 사도행전의 내용이나 바울 서신들, 그리고 디도서의 내용이 역사적 성경 해석방법을 사용하여 그 의미를 캐낼 때, 진리가 더 선명(鮮明)해지면서 본문이 쉽게 이해되고 본문 안의 교훈과 진리가 더욱 우리에게 더 가깝게 다가오게 된다(Using the historical Bible interpretation method, its meaning becomes clearer, and the lessons and truths in the text come closer to us).

v. 성경해석의 원리-성경적 해석

1. 성경적 해석

개혁교회는 '성경의 명백성'이란 교리화(doctrinalization)로부터 시작하면, "그리스도인이라면 누구든지 성경을 해석할 수 있다"고 믿는 것은 종교개혁의 원리에 근거하고 있다. 그 근거는 성경은 서로 모순되지 않는 유기적 통일성을 갖고 있으므로 본문(text)이라는 일부를 해석하지만 성경 전체를 조망(survey)하면서 문단과 문맥, 그리고 병행 구절과 단어를 연결하며 연구하여야 한다. 모호한 부분은 보다 명백한 병행 구절에 의하여 해석하면서 성경 전체의 문맥에서 장, 절(부분)을 해석해야 한다. 또 앞부분에서 부가적으로 설명한 바와 같이 성경적 해석 방법은 벌코프(L. berkhof)가 저술한 '성경적 해석의 원리'153)에서 해석하는데 동일한 의미로 설명하고 있다. 그 이유는 각 원리의 법칙에서 동일한 점도 발견되지만, 방법 면에서 다소 차이가 날 수도 있다. 그래서 문법적-역사적 해석 방법은 서로 보충하고 돕는 역할을 하도록 효과적 성경 해석을 하게 된다.

A. 성경적 해석 방법-신적기원 인정

성경의 신적인 기원을 인정하면서 성경의 통일성의 근거 위에 설립된 것이다. 정경적 해석 방법은 성경이 하나님의 말씀이며, 하나님 자신이 성경의 해석자가 된다는 근거를 가지고 있다. 성경이 한 책으로 한 저자를 가졌다면 그 내용이 서로 상충될 수 없기 때문에 그 내용에 있어서 통일성을 가지고 있으므로 신구약 66권의 각 책이 서로 떨어져서 존재할 수 없다. 문법적 역사적인 해석은 일반적으로

---

153) L. Berkhof, Principles of Biblical Interpretation, pp.133-166. 여기서 사용하고 있는 "신학적 해석법"은 계몽주의의 영향으로 성경을 하나의 역사책으로 생각하고 인간의 이성에 근거하여 성경 자체를 하나의 신학적 방법론의 모델로 삼으려는 접근 방법과는 판이한 것이다. 자신들의 신학적 전제에 따라 어떤 이는 성경이 실존주의적 신학 연구의 모델이라고 생각하여 그들의 신학적 방법론을 길존주의에 입각하여 전개시킨다. 다른 이는 성경이 이스라엘 백성의 삶의 상황을 전해주는 책이므로 그 삶의 상황이 오늘을 사는 우리들에게 하나의 모델 역할을 하는 것으로 생각하여 성경에 대한 신학적 접근을 시도한다. 이처럼 성경의 신적 기원과 정확무오성을 부인하고 성경을 단순히 신학적 방법론의 모델로 생각하여 소위 "신학적 해석"을 하는 학자들이 있다. 그러나 여기서 사용하는 "신학적 해석법"은 계몽주의 이후 하나의 현상들로 생성된 신학적 방법을 지칭하는 것과는 거리가 멀다. cf. 박형용, [복음비평사](서울: 성광문화사, 1985), pp.185-206 참조.

그 강조점이 성경의 각 책이나 짧은 구절에 있지만 정경적 해석 방법은 그 강조점이 성경 전체를 일관하여 서로 상충되지 않게 하는데 있다. 해석자는 성경의 각 책이 서로 어떻게 연관되는지를 성경 전체의 사상에 비추어 파악하여야 한다.154)

B. 성경적 해석 방법-최고 권위 부여

성경은 정경 χάνων(케논)155) 으로서 66권으로 종결된 것이다. 그러므로 거기에 최고의 권위를 부여하는 것이다. 예를 들어, 신약에서 구속의 개념을 연구할 때, 성경과 관련된 다른 문헌에 기록된 부분에 근거하지 않고, 구약성경에서 구속의 개념을 찾아서 그에 관한 주제나 이슈를 인정하되, 이미 최고 권위가 부여되었으니 그렇게 인식해야 할 것이다. 구약과 신약성경에서 구속이란 주제는 이스라엘 백성의 삶 속에 드러난 이스라엘의 미래적인 소망의 요소로서, 또한 영적인 하나님의 백성의 바램으로서 소망의 관점에서 성경의 교훈과 진리를 찾아내야 하는 것이 마땅한 해석의 원리에따른 방법이라고 할 것이다.156)

C. 성경적 해석 방법-계시의 점진성 인정

계시의 점진성을 인정하는 성경적 해석 방법의 전통적 방법이다. 이 부분에 있어서 벌코프의 '성경적 해석의 원리'와 그 강조에 있어서 차이를 나타낸다. 하나님의 계시는 단번에 주신 것이 아니요. 역사의 진전에 따라 주셨다. 특히 말씀 계시는 하나님의 중요한 구속적 사

---

154) 박형용, 같은 책, pp.18-19.
155) A. Berkeley Mickelsen, Interpreting the Bible. p.124.
156) L. Berkhof, 같은 책, pp.98-103.

건들을 중심으로 활발하게 주어졌다. 이 말씀계시는 노아의 구원과 아브라함을 부르심과 이스라엘 왕조와 이스라엘의 포로 생활 등에 연관되었으며, 특히 그리스도의 오심과 연관되어 활발하게 주어졌다. 이처럼 구속적 사건들과 계시와의 사이에는 밀접한 관계가 있다. 게할더스 보스(G.Vos)는 "계시는 구속과 서로 짜여 있기 때문에 구속을 생각지 않게 되면 계시는 공중에 매달리게 된다"157)라고 말했다.158)

D. 성경적 해석방법-성경적 증거의 선 넘은 교훈 확대 금지

성경 말씀은 '구약에서 오실 예수를 예언한 말씀이, 신약에서 오신 예수로 성취되었다'고 기록하고 있다. 성경은 성경으로 풀어야 한다. 이 말이 성경해석에 있어서 정도(正道)라고 감히 말할 수 있다. 왜냐하면 성경에서 증거하고 있는 것은 그 선(ine)을 넘어가면 안 된다는 것이다. 성경에서 계시하고 증거하고 그리고 교훈을 얻어야 할 진리의 영역이 성경 안에서 찾아야 하는 것을 말하며 이 법칙이 성경해석의 전통이다. 버나드 램은 "증거는 성경 자체이다"라고 말했다. 성경 해석자는 성경에 함축되어 있는 것을 자신이 지닌 학문적, 영적, 성령적인 조건을 최대한 활용해야 할 것이다.159)

성경이 성경을 해석하도록 해야 한다. 성경의 원저자이신 하나님께서 다양한 재료를 사용하셔서 웅장한 건물인 성경 66권을 지으셨다. 그러므로 한 부분을 보면서, 다른 부분과 연결하면서 파악하는 것이, 성경이 성경을 해석하게 하는 것이다.160)

---

157) G. Vos, Biblical Theology : Old and New Testaments(Grand Rapids : Ee-rdmans, 1968), p.24.
158) 박형용, 같은 책, pp.18-19.
159) 버나드 램 같은 책, p.205.

E. 성경적 해석 방법-계시에 관한 이슈 중심 신조, 신앙 확정

오직 성경에서 가르쳐 준 것만이 양심에 직접적으로 구속력을 지닌 다고 하는 것은 종교개혁이 낳은 유산(遺産)이다. 우리는 성경에 따라 서만 움직인다. 그러므로 도덕적인 교회 신조와 지상의 교회 권위에 의해 결정되듯이, 로마 교황의 권위 있는 선언 따위를 추가시키는 인간의 주장에 반대한다. 로마 가톨릭교회는 이런 조건에서 파생되 는 것들을 신봉(信奉)하는 것을 따르지 않는다.

다만 초대교회의 전통에 따른 성경 계시에 대한 권위 있는 해석을 지향(指向)하면서 성경과 그 전통적 신앙의 유산과 양심의 구속력을 지닌 것으로 인정한다. 진정한 교회 공동체는 이런 사상과 진리 가 운데 성경 계시를 따르고 있다. 그리고 웨스트민스터 신앙고백을 믿 고 따르는 문제를 중요한 것으로 확정하고 있다. 나아가서 그 이슈 중심에서 성경 계시를 정점(頂點)에 두고 초대교회의 신앙과 신조를 확정하여 나아가는 것이다. 성경적 해석은 이러한 원리에서 진행해 나간다.[161]

F. 성경적 해석 방법-성경의 문자적 의미에 기초함

일반적인 해석의 원리를 다룰 때, 우리는 성경의 문자적 의미가 성 경 이해의 일차적이며 지배적인 원리임을 파악했다. 이 원리는 교리 적 해석에까지 나아갈 수 있다는 것을 인정한다. 문자적 해석을 주 장한다고 해서 실질적인 교리적 진리가 상징적으로 비유적으로 모형

---

160) 배수영, 개혁주의 성경해석학, 서울: 도서출판 러빙터치, pp.104-106.
161) Bernard Ram, Protestant BiBlical Interpretation(권혁봉 역), Grand Rapids: Baker Book House Co., 1989, pp.213-214.

적으로 그리고 시적(詩的)으로 전달된다는 사실마저 부정해 버리는 것은 아니다.

전기한 바와 같이, 상징적 비유적 모형적 시적 해석은,

첫째 그것들의 내용 자체에 대한 문자적 의미에 의존하며,
둘째 문자적 의미에 통제를 받고 있다. 예를 들어 레위기의 제사 장직을 영해(靈解)하여 그것을 성직 제도에 타당한 근거로 삼으려는 노력은 그 자체가 신약의 입증을 결여하고 있으므로 거절당하게 되었다. 위대한 신앙의 교리들은 성경 의미의 문제적 접근을 시도함으로 말미암아 결정된 교리들이다. 이러한 통제를 무시한 해석학적 신학은 단지 교회 공동체를 교부 및 중세기적 혼란의 미궁으로 이끌어 가는 것이다.162)

2. 성경해석 방법의 계시의존 사색

A. 성령의 조명이 필요하다

본래, 인간은 죄성(罪性)이라는 본성을 지니고 있으므로, 명백한 성경의 내용을 오해하기 때문에 성령의 조명으로 성경을 해석해야만 할 것이다. 하나님의 말씀인 계시를 깨닫고 이해하는 것도 성령께서 감동을 주시므로 가능한 것이다. 성령님께서는 연약한 인간인 우리 하나님 백성을 건강하게 세우시기를 바라시고 계신다. 그러므로 성령의 존재를 믿고 의지하는 믿음의 원리로 살아야만 하는 것이다.

---

162) Bernard Ram, 같은 책, p.201.

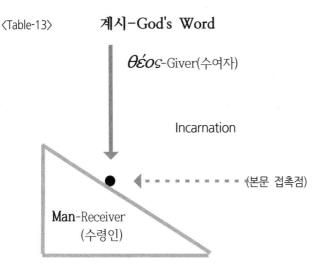

〈Table-13〉 계시-God's Word

θέος-Giver(수여자)

Incarnation

(본문 접촉점)

Man-Receiver
(수령인)

B. 계시인 말씀에 의존하여 하나님을 앎

사람은 본질적으로 피조물이며 죄로 인하여 타락한 존재이다. 그러
므로 인성(人性)의 한계를 지닌 사람으로는 거룩하신 하나님을 알 수
없다. 다만 하나님의 영의 역할을 담당하시는 성령 하나님(The Holy
Spirit of God)에 의존해서만 성부 하나님(The Father of God)을 알 수 있으
며, 그것은 결국 계시인 성경 말씀에 의존할 때 하나님을 알 수 있다.
하나님은 신-현현(神-顯現, the theophany of God)163)과 예언, 이적을 계시
방법으로 사용하여 예수 그리스도께서 성육신하심으로 계시의 완성
이 이루어졌다. 그러므로 오직 계시(성경)의 말씀에 의존해서만 하나
님을 알 수 있다는 것을 말해준다.

---

163) https://terms.naver.com/entry.naver
영(靈)이신 하나님의 가시적인 출현을 가리키는 말. 구약성경에서는, 하나님은 때로 인간의 모습
(창32:22-30), 주의 천사(창18장), 상징적인 모습(사6:1-5; 겔1:26-28), 꿈(창28:12-17), 불과 구
름(출3:2; 시78:14), 폭풍(시18:10-16), 세미한 음성(왕상19:12) 등을 통해 나타난다. 특히 구약성
경에서는 삼위 가운데 제2위이신 하나님의 현현이 두드러진다(창16:13; 31:11; 출23:20-23; 말
3:1). 신약성경에서도 환상(행7:55; 9:3)이나 음성(마3:16; 요12:28) 등, 하나님 현현을 발견할 수
있다.

3. 교회 역사상의 타율주의와 자율주의 그리고 신율주의

A. 고대 시대
어거스틴은 계시에 대하여 의존적 혹은 타율주의 사상을 이어받았다. 그는 하나님의 계시 지식에 의한 추론적 인식론을 주장했다.164)

B. 중세시대
A.D. 14세기 때(중세), 토마스 아퀴나스는 스콜라 철학적인 방법을 사용하여 교리를 변증하므로,165) 그로 인해 로마 가톨릭의 교리적인 전성기를 맞았다. 이것은 명백한 자율주의에 가까운 경향이다. 자율주의는 무엇인가? 개혁주의 사상의 한국 정통 신학자 박윤선 박사는, "자율주의는 하나님을 절대적 주님으로 알지 않는 동시에 하나님을 무시하고 나가는 사색이다. 따라서 이 사색은 그 첫걸음에 있어서 하나님을 무시하고 떠났으니 그런 사색의 행진은 영원히 하나님을 만나지 못한다"고 했다.166)

---

164) 박윤선, 성경 신학, 서울:영음사, 1978, pp. 21-22, (Epist. to Jerome, 82 iii 3). 저자는 어거스틴의 성경관을 밝히면서, "그(어거스틴)는 성경 말씀의 마디마디를 다 절대적 권위 있는 것으로 여겼고, 성경의 한 말씀이라도 권위 없는 것으로 보는 자는 성경 전부를 위태하게 하는 것과 같다고 하였다"고 인용했다.

165) 스콜라철학은 기독교 신앙을 체계적으로 정리하고 이를 이성을 통하여 입증하고 이해하려 했던 중세 철학이다. 철학을 신학을 위하여 사용했다는 점에서 교부철학까지 포함한 전반적인 기독교 철학을 지칭하는 용어로도 사용되나 구체적인 내용과 시기에서 교부철학과 차이가 있다. 신학을 뛰어넘어 중세 지식인들의 사유와 삶에 중요한 역할을 했으며 이후 근대 철학의 발달에 밑바탕이 되었다. 신앙과 철학을 포함하여 중세의 정치, 경제, 문화 등의 현실문제와도 깊게 관여했기 때문에 '스콜라 주의(Scholasticism)'라는 넓은 의미의 명칭으로 불리기도 한다. 스콜라 철학이란 용어는 중세 수도원 학교 교사나 학생을 지칭하는 라틴어 스콜라티쿠스(Scholasticus)에서 유래된 말이다. 중세 스콜라 철학이 성직자들을 양성하는 수도원 학교를 통하여 교육되고 크게 발전하였기 때문이다. 중세 저명한 스콜라 학자들 대부분은 이러한 교회 학교에서 학문을 배우고 학생들을 가르쳤으며 신앙과 관련된 다양한 철학 이론들은 이와 같은 수도원 학교 즉 중세 대학을 중심으로 활발하게 논의되었으며 사회 전반으로 퍼져나갔다.

166) 박윤선, 같은 책, pp. 12,13. 왜 이런 결과가 도출될까?에 관하여는 저자가 말하기를 "자율주의자는 하나님을 떠나 자기를 하나님의 권위(權威)와 같은 앉히는 것이다"라고 했다.

C. 종교개혁 시대

'신인 협력설'(神人協力說, synergism) 혹은 '협동설'은167) 인간에게 자유의지(free will)가 주어지므로 인간이 구원 문제의 한계를 넘어서 구원에 대한 간섭 정도를 암시하고 있는 것은 사실이다. 즉 구원이라는 이슈를 인간 스스로 결정하면서, 인간은 자유로운 행동영역을 갖게 되었다고 한다. 그러므로 인간이 하나님께 구원을 받는 문제는 하나님과 사람의 협력설이라고 결론 짓는다. 이에 대하여 감히 평하건대 '신인 협력설'은 하나님의 절대 주권과 인간을 구원하는 이슈를 그만큼 약화시키는 사상이다. 어떻게 인간이 자신의 구원을 스스로 간섭할 수 있을까?

D. 알미니안주의

인간이 신인 협동설 보다 더 인간이 자율사상으로 기울어지는 것을 말하고 있다. 인간은 구원에 있어 스스로 택할 수도, 배척할 수도 있다는 사상이다. 구원은 오직 하나님의 고유적인 권한이며 영역이다. 그런데 인간이 구원에 대하여 개입하거나 심지어 그에 대하여 결정할 수 있다면 올바른 구원관은 성립될 수 없게 된다. 결국, 인간 스스로 천국을 가고 못가고를 결정하는 데까지 이른다면, 과연 개혁교

---

167) https://terms.naver.com/entry.naver
합력설(synergism): 하나님이 구원의 길을 마련하시지만, 사람이 그것을 취하느냐의 여부는 인간에게 달려있으며 구원문제는 하나님과 사람의 합작품을 말한다. 단독설(monergism): 하나님이 구원의 길을 마련하실 뿐만 아니라, 사람이 그것을 취하는 것도 그리 할 수 있도록 하나님이 해주셔야만 가능하다는 것이다. 즉, 구원은 하나님께만 달려있다는 것이다.
에라스무스의 주장은 합력설에 해당하며, 루터의 주장은 단독설에 해당된다. 합력설과 단독설의 논쟁은 기독교 초창기에 이미 있었고, 잘 알려진 것이 4~5세기에 있었던 펠라기우스와 어거스틴의 논쟁이다. 펠라기우스는 합력설을 주장하고 어거스틴은 단독설을 주장하였는데, 카르타고 회의에서 교회는 펠라기우스 사상을 정죄하였다. 종교개혁 이후로는 17세기에 알미니우스를 따르는 알미니안주의자들이 합력설을 주장하였다(이때 알미니안주의자들의 주장에 반박하면서 도르트 총회에서 작성된 것이 '칼빈주의의 5대 강령'이다) 18세기에는 웨슬리가 합력설을 주장하였다.

회에서 성경 중심의 계시 사상에 근거하여 주장하는 하나님의 주권에 의해 결정되는 교리적인 탑이 한순간에 무너지는 것이다.168)

E. 칼빈주의

절대주권자 하나님을 믿는 계시에 의존하며 사색을 하는 신학사상이다. 완전하게 영감 된 성경에 의해서만 하나님을 바로 알 수 있다는 사상이다. 인간은 죄로 인하여 하나님의 계시의 말씀을 스스로 이해하거니 깨달을 수 없는 한계를 지니고 있다. 그러므로 인간은 하나님 계시에 의존하고 그에 합당한 믿음의 고백을 하면서 비로소 구원을 얻을 수 있는 존재가 된다.

이에 관하여 한국의 개혁주의 성경신학자 박윤선 박사는 인간은 자기 지혜로 하나님을 알지 못하기 때문에 반드시 계시의존 사색이 절대적으로 필요하다고 말하고 있다.169)

4. 성경은 성경으로 해석해야 한다

A. 예수님의 성경 해석

예수님은 구약성경에 관하여 단일성을 인정하셨다. 그리고 그에 대한 성경해석을 가하실 때 그 원리로 대부분 문자적, 역사적, 그리고 더욱 모범 된 성경해석으로 우리에게 친히 복음사역의 현장에서 보

---

168) 알미니안주의는 직접적인 종교경험을 강조하는 신비주의 신학에 반하는, 이성을 강조하는 개신교 신학의 한 주류이다. 알미니안주의는 합리성과 인간의 자유의지(free will)를 강조한다. 칼빈주의 신학에서는 예정론(predestination)을 통해서 하나님의 계획을 보다 강조하지만, 알미니안주의에서는 창세기의 아담 전승을 인용해서 인간의 자유의지를 보다 강조하는 성격이 강하다.
169) 박윤선, 같은 책, pp.11-15.

여주신 사례는 영적인 해석 방법을 사용하셨다는 것이다. 물론 그 현장은 다른 각도의 차원, 문화적인 면에서 볼 때, 교육이나 복지, 그리고 삶 속에서 희망의 차원을 나타내신 미래에 대한 꿈과 비전까지 제시하셨다.

B. 포괄적인 해석의 법칙 사용

1) 문법적 해석
문법적 해석은 언어의 본질과 헬라 원어의 특성을 고려하면서 해석하는 방법이다. 본문의 문맥을 기준으로 단어 위치, 문장 구조, 비유, 그리고 풍유 등을 살펴서 해석하는 것이다.

2) 역사적 해석
이 해석방법은 본문과의 시대, 상황(환경), 요소들을 찾아보는 방법이다. 역사는 두 사이드로 봐야 한다. 그 하나인 세속역사를 참조하면서, 거룩한 역사의 사이드인 성경의 본문을 우월(優越)하게 봐야 한다.

3) 성경(정경)적 해석
성경은 전체적인 통일성을 이루고 있으므로 문단과 문맥, 그리고 병행 구절과 단어를 연결하며 장,절까지 해석한다. 성경은 하나님의 계시의 말씀이라서 성부 하나님의 기원을 인정하면서 성경의 통일성의 근거로서 해석하는 것이다. 또 성경의 독특한 점을 전체의 사상에 비추어 파악하여야 한다.

4) 심리적 해석
심리적 해석은 본문에 은닉되어 진 사건 속의 사람들의 심리나 행위, 동기, 그 배후의 하나님의 계시의 원인을 고려하면서 심리적인

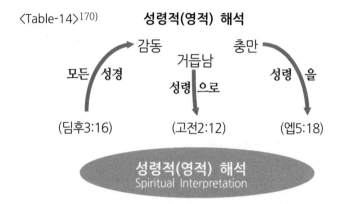

〈Table-14〉[170]　　　**성령적(영적) 해석**

감동　　　　충만

모든　성경　　거듭남　　　성령　을

성령으로

(딤후3:16)　　(고전2:12)　　(엡5:18)

성령적(영적) 해석
Spiritual Interpretation

해석 차원으로 본문을 풀어가는 것이다. 이때 성경은 하나님 중심 사상에서 성령님의 조명하에서[171] 해석작업이 이뤄져야 할 것이다.

　5) 학문적 해석

한편으로 일반적인 과학지식을 참고해야 한다. 학문적 바탕의 과학 지식이 폭넓게 적용되지 않고 결여되면, 성경해석으로서 해석의 효과를 얻을 수 없다. 그러므로 신학적 지식은 이런 상황에서 더욱 필요할 수밖에 없는 것을 자인(自認)하게 된다.

　6) 영적(성령적) 해석

성경은 성령으로 영감 된 하나님의 말씀이므로, 무엇보다 성령의 인도와 교제, 그리고 그의 조명하시는 역사와 정서 가운데에서 이뤄지는 해석을 말한다. 그러므로 성경 해석에 있어서 영적(靈的)인 해석은 성경 해석에 있어서 가장 중요한 문제일 것이며, 가장 심도(深到)있는 성경해석 작업이라고 사료 된다.

---

170) Peter Pae S., 하나님의 구속사, 서울: 러빙터치, 2001, pp.65-68.
171) 배수영, 성경해석학, 서울: 도서출판 러빙터치, 2009, pp.183-185.
　　성경해석작업에서 특수해석의 방법을 따른 것으로서 심리적 해석을 말할 때, 인간의 마음과 심적을 해석이 이뤄지는 것을 마하는 것이 아닌, 영적인 상태에서의 성령의 주관하에서 해석을 말한다.

5. 해석자의 중요성

해석자는 성경 해석작업을 하는 현장에서 그 누구보다 중요한 인물이다. 해석자는 신학적, 학문적으로 인정을 받은 신학자나 목회자이되, 삼위 하나님이신 성령을 해석의 주인으로 인식하면서 함께 해석작업에 임해야 할 것이다. 또 예수 그리스도께서 계시의 중심으로, 교회의 전통적인 교리를 참조하여 성경이 최종권위로 인식하는 것이어야 한다. 왜냐하면 성경 본문과 해석의 원리는 객관성을 유지할수 있으나, 해석자는 객관성 유지하기가 힘들다.

따라서 해석자의 위치는 대단히 중요하다. 그럴수록 성경 말씀인 계시의 중심이 예수 그리스도이시며, 성경이 최종 교리로, 최종권위가되심을 고백하는 믿음의 자세가 중요하다.172) 그리고 성령님께서 성경을 해석하는 해석자를 조명하시고 주관하셔서 온전한 해석을 하도록 인도함을 받는 것이어야 한다.

A. 해석자의 주관성

A.1 성경 해석자는 역사적 형편, 개인의 경험 또는 개인의 특질 등에 의해 항상 영향을 받는다는 것을 염두에 두어야 한다.

A.2 성경 해석자는 자신의 존재 속에 이미 존재하고 있는 '선 이해'(a pre-understanding)나 '선 판단'(a pre-judgment)을 통해 성경을 해석한다. 그러기 때문에, 그 자신이 성경을 해석하는데 있어서 연구의 한

---

172) 박윤석, 성경 신학, 서울: 영음사, 1978, pp.11-17.

부분이 되는 것이다.

A.3 성경해석 원리는 인격체((人格體)인 사람이 성경 본문의 뜻을 찾아가는 작업이다. 여기서 성경 해석자는 오직 성령의 조명을 받은 신령한 자로서 거듭난 자로서 하나님의 일들을 이해할 수 있으며, 영적인 차원의 계시의 말씀인 성경을 해석할 수 있게 된다. 이것은 주관성 있는 해석을 말한다.

B. 해석자의 자격-중생 요구(고전 2:6-16)[173]

물론 성경 해석자는 반드시 주 안에서 새롭게 거듭난 자이이어야 하는 것은 그 상태 이후에 성경을 해석할 수 있는 영적 기능을 갖추게 되는 것이기 때문이다. 예수 그리스도를 영접하는 사건을 비롯하여 중생하면서 영적인 차원에서 발생하는 사건이므로 이에 대하여 일반적 이성이나 인간 지혜로 이해할 수 없다는 것을 말해주고 있다.

> "그러나 우리가 온전한 자들 중에서는 지혜를 말하노니 이는 이 세상의 지혜가 아니요 또 이 세상에서 없어질 통치자들의 지혜도 아니요 오직 은밀한 가운데 있는 하나님의 지혜를 말하는 것으로서 곧 감추어졌던 것인데 하나님이 우리의 영광을 위하여 만세 전에 미리 정하신 것이라"(고전 2:6-7).
> "이 지혜는 이 세대의 통치자들이 한 사람도 알지 못하였나니 만일 알았더라면 영광의 주를 십자가에 못 박지 아니하였으리라
> 우리가 세상의 영을 받지 아니하고 오직 하나님으로부터 온 영을 받았으니 이는 우리로 하여금 하나님께서 우리에게 은혜로 주신 것들을 알게 하려 하심이라"(고전 2:8,12).

---

173) 박윤선, 같은 책, 23.

제13장

성경해석 원리-네 번째

성경적, 신학적 해석

Bible Interpretation Principles-3

· vi. 성경해석의 원리-성경적, 신학적 해석

1. 신학적 해석의 원리

A. 신학적 관련된 자료를 근거해야 한다

신학적 해석학으로서, 첫째, 신앙고백서(웨스트민스트, 벨직, 하이델베르그 등)
와 교리를 근거하여 해석작업을 하는 것이어야 한다.174) 둘째는 칼
빈주의적 성경해석 등을 염두를 둬야 한다. 하나님의 계시는 단번에

---

174) http://blog.naver.com/ksw9645(성경적 신학적 해석 원리)

우리에게 수여된 것이 아니다. 그것은 점진적(progressive)인 방법으로 주어진 것이다. 시간이 흐름에 따라 그 뜻이 점점 더 확실해지도록 주어졌다. 그 증거로 성경 66권이나 되는 방대한 분량이, 더욱 각기 다양한 특징에도 별개(別個)의 여러 책이 아니라, 모두가 한 유닛으로 통일되는 성경(書)이며 종합서 같이 형성되어진 것이다.

이에 따라서 성경은 전체적으로 한 유닛이라는 것은 성경의 저자는 하나님 한 분이라서 성경의 본문이나 그 외의 부분들과 조화롭고 일치가 이뤄지도록 해석해야 한다는 것이다. 한 구절 한 단어를 해석할 때도 성경 전체의 배경을 염두에 둬야 하는 것은 당연하다. 그러므로 신학적, 성경해석의 원리는 성경을 따로 떼어서는 시도할 수 없는 중요한 이슈이기도 하다.

B. 신학적 해석의 범례

"곧 아벨의 피로부터 제단과 성전 사이에서 죽임을 당한 사가랴의 피까지 하리라 내가 너희에게 이르노니 과연 이 세대가 담당하리라"(눅 11:51).

위의 본문은 신약의 예수님의 시대에 발생 된 사건이다. 하지만 구약까지 소급하여 해석의 범위를 확장시킨 '예'를 말하고 있다. 성경 전체를 두고 신학적 사건과 본문의 배경 속에서 성경 해석작업을 해야지만 본 텍스트의 의미가 정확하게 해석되면서 감추어졌던 것이 포괄적으로 우리에게 다가오면서 이해될 수 있다는 것이다. 본문에서 "곧 아벨의 피로부터 성전 사이에서 죽임을 당한 사가랴의 피까지" 언급한 것을 주목하면 신학적으로 대속적인 사역이 이해되는 것을 말한다.

2. 성경은 성경으로 해석하라

A. 유기적 통일성

방대한 분량으로 기록(저술)된 성경은 아예 근본적으로 서로 모순되지 않는 유기적 통일성(organic unity)을 이루고 있다. 그러므로 병행 구절과 연결하며 연구해야 한다. 모호한 구절은 보다 명백한 병행 구절에 의해 해석되어야 한다. 성경 전체의 문맥에서 해석하는 것을 말한다.[175]

(예) 히브리서 7:20-*시편 110:4(대제사장 예수*멜기세덱), 창세기 3:15,
　　*갈라디아서 4:4(여자의 후손, 예수 그리스도),
　　(연구: 예레미야 31:31-34-마태복음 26:26-28,
　　누가복음 22:14-22(새언약)).

B. 점진적 계시의 하나님의 구속사

성경 전체의 문맥에서 유유히 흐르는 절대적인 진리는 하나님의 구속사(Redemption of God)에서 이 주제를 확실하게 말해주고 있다. 하나님께서 인간을 구원하시는 모든 구속의 사역이 점진적인 계시(Progressive revelation)를 통해 인간에게 전달된 것이다. 하나님께서 인간에게 직접 하달(下達)하신 계시로서 인간의 지식, 사상, 이념, 전통, 문화, 역사 등으로 이 계시를 논(論)할 수 없다. 그러므로 성경의 해석은 하나님 중심의 구속사적 관점에서 이해하고, 수용하며, 그리고 해석해야 할 것이다. 그것은 예수 그리스도 안에서 우리를 구원하시려는 하나님께서 행하시는 구속사역을 말하는 것이다.

---

175) http://blog.naver.com/ksw9645(성경은 성경으로 해석하라원리)

3. 신학적(교리적)인 고백서를 근거로 해석하라

역사적 신앙고백서: 웨스트민스터 신앙고백서(대.소요리문답), 벨직신앙
고백서, 하이델베르그 요리문답 등은 초대교회의 역사적인 현장에
세워진 교회 공동체가 교회 회의(The Church's Council)로 소집되
어 고백하고 채택되어 진 것이다. 성경의 의미를 이해하고 고백한
것으로 정통교회의 공적 고백으로 내세울 수 있는 신앙고백서이다.
그러므로 신앙고백에 대한 이해는 중요하며, 그에 따라 칼빈주의적
신학에 의한 성경해석(도르트 신조)도 중요하다.

(예) 삼위일체, 예수 그리스도의 양성(神人)교리, 하나님의 주권,
    예정 등(연구: 딤후3:12-17, 롬11:33-36).

4. 성령의 영감을 입은 인간의 언어와 개혁주의 해석

성경은 하나님의 계시로서 성령의 영감을 입은 인간의 언어로 기록
된 하나님의 말씀이다. 다만 그 기록된 언어와 때와 장소 등이 모두
오래 전의 사건이라서 성경의 언어와 의미를 해석하지 않고는 우리
가 그 오묘한 진리와 교훈을 온전하게 캐치할 수 없다는 것이다. 그
러므로 성경의 말씀은 인간이 이해하고 취할 수 있도록 해석되어 져
야 한다. 그리고 우리가 하나님의 말씀을 이해하고 배우는 목적은
하나님을 알고 믿고 경배하기 위한 위대한 목적(전 12:13)이 있다. 이
성경해석의 역사적 전통에 따라 현대 개혁주의 신학자는 다음 같이
소개하는 데 참고할 필요가 있다.

5. 신학적 성경해석학 신학자

현대 개혁주의 신학자들을 간략하게 소개해 본다.[176)]

A. 존 프레임(John Frame, 1939~)은 미국의 개혁주의 신학자이며, 철학과 신학을 통합하여 기독교 세계관을 강조한 인물이다. 프레임은 철학과 신학을 접목하여 개혁주의 신학을 현대적으로 재구성하는 데 크게 기여했다. 그는 웨스트민스터 신학교에서 수년간 교수로 활동했으며, 후에 리폼드 신학교에서 교수직을 이어갔으며, 그의 저서는 '하나님을 아는 지식'과 '하나님 론', '기독교 생활의 교리' 등이 있다.

B. R.C. 스프로울(R.C. Sproul, 1939~2017)은 R.C. 스프로울은 개혁주의 신학의 대중화를 이끌던 신학자이다. 그는 '리고니어 미니스트리'(Ligonier Ministries)를 설립, 개혁주의 신학을 대중과 목회자들에게 가르쳤다. 그의 강의, 저서는 현대 개혁주의 신학의 주요 자원으로 사용되었다. 스프로울은 성경의 무오성, 하나님의 거룩함, 신자의 삶 속에서의 칭의와 성화를 강조하며, 개혁주의 신학의 중심 주제를 신실하게 변호했으며 주요 저서로는, '하나님의 거룩하심', '하나님의 선택', '개혁주의 신학이란 무엇인가?' 등 다수가 있다.

C. 마이클 호턴(Michael Horton, 1964년 5월 11일 ~)은 웨스트민스터 신학교에서 조직신학과 변증학을 가르치고 있으며, 현대 개

---

176) 현대개혁주의. 신학자들[작성자 노하우

혁주의 신학을 적극적으로 발전시키는 인물입니다. 그는 화이트 호스 인(White Horse Inn)이라는 라디오 프로그램을 통해 개혁주의 신학을 대중화하며, 현대 개혁주의(Modern Reformation) 잡지의 편집장으로 활동 중이다. 호턴은 기독교 세계관과 개혁주의 신학의 현대적 적용에 대해 많은 저술을 남겼다.

이와 신학사상이 다르며 개혁주의 신학사상에 반(反)하여 자유주의 신학사상의 신해석방법을 사용하는 신종통주의 신학자로서, 칼 바르트의 변증법적 해석, 루돌프 불트만의 실존적 해석학(비신화화), 불트만 학파인 어네스트 푹스, 게하르트 에벨링 등의 신 해석학파가 활동하고 있음을 기억해야 할 것이다.[177]

vii. 박윤선 박사의 성경해석학

* 박윤선 박사의 성경관

박윤선 박사는 한국의 성경신학자이다. 그는 40년간 신구약 주석 저술을 완성한 것이다. 또 신학교 강의에 전념하면서 신학도의 후예를 육성해 왔다. 또 목회사역 현장에 주력했다. 그의 성경관은 개혁주의 신학을 수용하고 그 발판에 확립되어 있었다. 박윤선은 일생 동안 개혁주의 신학의 확립을 위해 일관된 생애를 살았는데, 한국교회를 위한 그의 중요한 봉사는 성경주석 집필이었다.

---

177) 윌리엄 클라인 외 3인, 성경해석학 총론(류호영 역), 서울: 생명의말씀사, 1993, pp221-218.

그의 주석 집필은 1938년부터 시작되었는데, 이때로부터 40년간의 노고 끝에 1979년 신구약 66권의 주석을 완간했다. 그의 첫 주석은 1949년 3월에 출판된 「요한계시록」 주석이었고, 마지막 주석은 1979년에 출판된 「에스라」, 「느헤미아」, 「에스더」주석이었다. 또 그의 주석은 분량으로 보면, 구약은 총 7,347쪽, 신약은 총 4,255쪽에 달해 신구약 주석은 총 11,602쪽에 달하며 매년 약 240쪽의 주석을 집필한 셈이다.

그는 주석 외에도 「영생의 원천」(1970), 「응답 되는 기도」(1974), 「주님을 따르자」(1975) 등의 설교집과, 「성경 신학」(1971), 「헌법 주석」(1983), 유고집 「웨스트민스터 신앙고백서」(1989) 등을 남겼다.

단행본 외 고신대학이 발간했던 「파숫군」에 218편, 그리고 총신대학의 「神學 指南」에 40편, 그리고 합동신학교의 「神學 正論」에 12편의 소논문을 발표하였다. 그가 고려신학교에서 일한 기간은 14년인데, 218편의 글을 발표했으며 연 15.6편의 소논문을 발표한 셈이다. 외람된 이야기일 수 있으나 그가 고려신학교에서 일한 기간은 고신 신학의 전성기였으며, 그의 생애에서 가장 열정적인 '학구의 기간'이기도 했다. 그는 지칠 줄 모르는 열정을 지닌 학자이자, 냉철한 이성과 뜨거운 가슴을 지닌 학자였다.

박윤선은 조직신학자는 아니었으나 조직신학과 역사신학에도 박식(博識)하였고, 그의 성경주석에는 일본을 비롯한 동양권의 신학자와 찰스 하지, B.B. 워필드, J. 그레샴 메이첸 등 미국 신학자들은 물론,

잔 메이어, C. 델리취 등 독일 신학자들과 아브라함 카이퍼, 헤르만 바빙크, 게할더스 보스, H. 리델보스, K. 스킬더 등 화란의 신학자들의 신학을 동시에 소개하였다.

그는 개혁주의 신학을 석명(釋明)하고 이를 구체화하였을 뿐만 아니라, 개혁주의 신학 위에서 자유주의와 신정통주의 신학을 비판하고, 성경의 절대적 권위, 하나님의 주권, 그리고 하나님의 영광을 추구한 진정한 개혁신학자였다. 그는 한편으로는 개혁주의가 아닌 신학을 비판했고, 다른 한편으로는 개혁주의 신학을 천착하려고 힘썼다. 박윤선은 한국 최초의 장로교 신학교육 기관이었던 옛 평양신학교의 벽을 넘어선 개혁주의 신학자이기도 했다.

viii. 박윤선 박사의 성경관에 대하여

1. 포괄적 관심사

정경론, 사본 비평, 개혁주의 성경관, 고등비평, 바르트 성경관 등 그의 성경 관에서 포괄적 관심사를 보여주었다.

2. 성경의 절대 권위를 확립한 성경관

성경을 전체적으로-'만전 영감', 축자적으로-'축자 영감' 무오함을 강조한다. 이는 초기 한국교회를 성경의 절대 권위의 반석 위에 세우는데 기여한 것이다.

3. 개혁주의 성경관 확립

이 결과, 예수 그리스도와 사도들이 성경관을 이어받은 것으로서, 세계 칼빈주의자들의 성경관을 한국교회에 심었다. 이 개혁주의 성경관은 특별계시를 말하게 된다. 특별계시는 3가지로 구분할 수 있다. 여기서 특별계시의 언어적 형태의 한계를 벗어난 다양한 형태와 본질과 목적을 확대하여 고찰해 본다.

  A. 기록된 말씀 = [계시의 원천]
  B. 선포된 말씀 = [계시의 형태, 소개]
  C. 계시된 말씀 = [계시의 목적]

4. 분석과 비판

박윤선 박사의 성경관은 개혁주의 성경관에 비교하며 다른 그릇된 성경관을 비판하고, 성경해석에 대한 흑백을 가리는데 주저하지 않았다.

  A. 특히 고등 비평적 성경관을 강도 깊게 비판했다.
하나님 말씀에는 절대 오류가 없다는 전제를 하므로, 성경에 대한 비판을 비판하지 않을 수 없는 것이다.

  B. 헤르만 리델보스의 성경관을 예리하게 분석했다.
이러한 점들은 성경적 진리에 대한 그의 확신이 강했기 때문이다.

5. 아쉬운 점

칼빈의 성경관을 폭넓게 다루지 못했으며, 생명력 있는 성경관을 다양하게 소개시켜 주지 못했다. 개혁주의 신학자들만 개괄적으로 다룬 것이다. 또 성경이 신령한 것만 아니라, 현실문제, 내세문제 개인만 아니라 사회 정치까지 포괄하는 생활백서生活白書로서 성경관으로 발전하고 밝혔다. 그렇다면, 콘텍스트의 현실 속에서 개인 구원문제, 사회 불의 타파, 정의구현, 소외당하고 억눌린 자를 돌봐야 한다 (마25장). 주님의 말씀을 폭넓게 수용하면서, 개혁주의 교회의 역사의식을 충분히 깨우치기에 충분하리라 본다.

ix. 한국 교회 주경사註經史

1. 개혁주의적 성경해석

개혁주의는 성경을 하나님의 말씀으로 믿고-성경의 자증自證과 성령의 내증內症으로 보면서 가경위경을 성경으로 보지 않는다. 성경의 필연성, 완전성, 충족성, 그리고 명백성을 믿고, 성경을 자의적으로 억지 해석하는 것을 금한다. 원어에 의해 문법적으로, 역사적으로, 그리고 성령적(영적)으로 해석하는 가운데 그에 따른 정당한 추론을 인정한다.

교회의 전통에 예속되지 않으면서도 역사적 교리를 중시한다. 의미가 불분명한 구절은 분명한 구절에 의해 해석하되, 성경해석의 최종 심판은 성경 자체로 본다.

2. 한국 교회 주경사

A. 한국 교회 초창기(약 1900-1936)

한국교회가 초창기에는 은혜롭게 정통을 보수하며 발전하였으나 성경을 성경으로 해석하는 원리가 만족스럽게 사용되지는 못했다. 한국교회의 특성은 초창기부터 구역舊譯 성경이 있었다. 그러나 번역상의 부족한 점으로 성경 해석의 정확성을 기하기 힘들었다.

이 시대에는 구역 성경(개역은 1937년 완역)이 사용되었는데, 구역은 번역상 부족한 점들(예 : '언약'이 '허락'으로 번역한 것이나 "옛사람에게 하신 말씀을 너희는 들었으나"라고 번역한 것)이 있었기 때문에 성경해석에 정확성을 기하기가 힘들었다. 뿐만 아니라, 한국교회 초창기 지도자들 중에는 세대주의 사상이 농후한 자들이 많았다.

세대주의 성경해석의 원리는 문자적 해석으로만 흐르는 경향이 있었다. 그러므로 신구약의 통일성을 살리지 못하는 약점이 드러났다. 그 영향으로 칼빈주의적 주석이 이뤄지지 못했다. 그러한 신학적 문제로 한국교회의 성경해석의 정서情緒는 복음주의적 경향으로 흘렀다.

   (1) 하나님 말씀이 중심이 아니고 체험과 예화가 중심을 이룬 점.
   (2) 대부분 신자가 교회와 사회의 구분을 막연하게 보여주며, 현실과 국사國事에 대하여 도피적인 태도를 취하게 한 점.

(3) 불건전한 신비주의가 왕성한 점에서 드러난다.

또 이때는 성경을 문법적, 역사적으로 해석하지 못하고 근본주의적으로 해석하는 경향이 농후했다. 근본주의는 구약을 신약으로 설명하는 것과 신약을 구약으로 해명하는 데 있어서 언제나 빈약하다. 근본주의는 구약 속에 신약이 예언됨에 있어서, 전면적으로 그렇게 된 사실을 바로 파악하지 못하였다.

B. 현대주의 주석 운동

1938년에 나온 아빙돈 주석은 현대주의 사상이 표현된 것으로 성경을 성경으로 해석하는 원리를 등한히 하였다. 이 주석은 출애굽기 6장이 모세가 부름 받은 사실을 말해주는 제4문서 (P)라는 고등비평을 그대로 따른다. 출애굽기 7:3-5에서는 종교 진화론을 주장한다. 출애굽기 10:21-23에 기록된 흑암 재앙은 사막의 모래 바람 때문에 된 듯이 말하고, 출애굽기 14:12-13의 홍해 기적을 동풍으로 바닷물이 물러간 것으로 해석하여 하나님의 초자연적 간섭을 배제한다.

현대주의 주석을 대표하는 아빙돈 주석은 이렇게 개인주의와 자유주의에 따라는 경향이 있다. 인간의 철학과 합리적인 면에 치중하여 문제를 다룸으로써 성경의 풍부한 영적 양식을 끌어내지 못했다.

C. 보수주의 주석 운동

장로회 총회는 1934년 '표준성경해석'을 교계에 내어놓는 것으로 결정하고, 박형룡 박사가 편집부장으로 수고하였다. 제일 먼저 욥기,

시편 주석이 한 책으로 간행되었고, 뒤이어 잠언, 전도, 아가서, 로마서, 고린도 전후서, 이사야서 주석, 그리고 요한복음, 창세기, 마가복음, 사도행전 주석 등이 간행되었다(1961년까지).

'표준성경해석'의 이름을 칭한 이 주석의 목적은 어디까지나 보수주의적으로 성경을 해석하는 것이었다. 성경의 영감과 무오를 믿는 학자들이 집필진으로 의뢰되었고, 그들은 학구적/비판적/통일적/실용적/정통적 주석을 시도하였다.

이 시대에 표준주석 운동 외에 개인들의 주석 운동이 있었다. 대한예수교장로회(통합)의 이상근 박사의 주석은 교계에 많은 유익을 주고 있고, 예수교대한성결교회 총회 김응조 목사의 '성서대강해'가 한국교회를 많이 돕고 있다.
한편 번역서인 주석시리즈가 몇 가지 발행되었다. '메튜헨리 주석 시리즈(신구약)', '할레이 주석 시리즈(신약)' 등이 한국 교회 목회 현장에서 있는 목회자들에게 사용되었다.

x. 고찰
박윤선 박사의 성경 해석사에 대하여

개혁주의적 성경 원리에 입각하여 그레이다누스 박사의 책을 요약하는 형식으로 개괄했다. 한국교회 성경 주석사는 성경은 성경으로 풀어야 하고 3구분으로 조감했다. 황무지 같은 시대에 이런 기초 작업이 이루어진 것은 크나큰 업적이라 할 수 있다. 지나치게 단순한 분석을 넘어서서 좀 더 자세하고, 예리하고 포괄적인 분석이 필요하다. 이 몫은 후학後學들에게 남겨진 숙제이다.

xi. 결 론

박윤선 박사는 한국교회 초창기에 박형룡 박사와 함께 한국교회를 성경적 개혁신학적 성경 해석학의 토대 위에 세웠다. 이상에서 제시된 내용들을 참조하여 하나님 앞에서 충성스런 종들처럼 성경 내용을 밝혀야 할 것이다. 그리고 성도들은 옳은 데로 인도할뿐더러 오히려 시대를 깨우는 '성령의 것'들이 되어야 할 것이다.

1. 개혁주의적 성경해석

개혁주의 성경해석은 하나님의 계시를 그의 말씀으로 믿으며 정경만을 수용하는 것이다. 개혁주의적인 성경을 필연성必然性, 완전성完全性, 충족성充足性, 그리고 명백성明白性을 믿는 것부터 해석의 출발이 되는 것이다. 이때 자의적自意的인 억지 해석을 금해야 할 것이며, 원어에 따라 문법적으로, 역사적으로 해석해야 한다. 다시 개혁주의적인 성경해석은 절대적인 하나님의 계시에 근거하여 그 해석을 가할 수 있으며, 그 계시의 정신에 합당한 추론적으로 해석작업을 기해야 한다. 한편 기독교(개신교)를 도전해오는 사상이나 이념을 교리적으로 학문적으로 철저하게 배격하면서 인위적인 교회 전통에 절대 예속되지 않는 것이어야 할 것이다.

그리고 역사적으로 모였던 객관적인 교회의 회의에서 확정된 교리를 중시한다. 성경해석의 최종 해석권解釋權의 권위를 성경으로 인정하면서, 하나님의 계시의 권위 아래에서 성경의 해석을 개혁주의적改革主義的 성경해석이 옳게 이뤄지는 것이다.

2. 신학적 해석학(Theological hermeneutics)이란?

신학적 해석학은 신학의 한 분야이다. 일반적으로 이것은 신학 본문들, 특히 성경과 관련된 해석학을 말한다. 신학적 해석학은 알렉산드리아의 유대주의 학자 필로(the Jewish scholar Philo)와 동방 교부라 불리는 오리겐[1-(1999)Dictionary of Biblical Interpretation, D.E. Klemm, "Hermeneutics", 497-502] 부터 시작되어 St. 어거스틴과 토마스 아퀴나스의 4중적 의미의 해석을 지나서, 종교 개혁자 말틴 루터가 율법과 복음을 구별하고[2-Dennis Whalen, Lutheran Understanding of Law and Gospel], 그리스도 중심적 해석을 시도했다.

존 칼빈과 같은 신학자는 성경해석에서 간결성(brevity)과 용이성(Ease of use)의 방법과178) 성경을 성경으로 해석한 원리, 역사적 문법적 방법, 성령의 조명을 강조함으로써 본격적으로 사용되었다. 신학적 해석학은 해석의 요소 가운데 역사적 문법적 해석학을 고려하면서 철학적 방법까지 응용하여 성경의 본문을 해석하고 있다.179)

---

178) [3-Ahn, Myung Jun, The Ideal of Brevitas et Facilitas: the theological hermeneutics of John Calvin, Skrif en Kerk Volume 20 Issue 2 (1999)][4-Ahn, Myung Jun, Brevitas et facilitas : a study of a vital aspect in the theological hermeneutics of John Calvin (Ph.D. Diss., University of Pretoria, 1998)],
179) 윌리엄 클라인 외 3인, 같은 책, pp236-238.

'반석'이라는 구체적 사물을 등장시키는 것은
진정 의지해야 할 여호와는 움직이지 않는
요지부동의 절대적 하나님임을 돋보이고 있다.

제**14**장

성경해석 원리-다섯 번째

특수한 성경해석법-①

Bible Interpretation Principles-4

i. 특수한 성경해석 방법

성경 해석에 있어서도 성경 저자가 어떤 문화적 표현을 사용하여 계시를 전달했는지 알아야 하며, 그리고 그 문화적 표현의 해석 방법을 알고 있을 때 해석자가 바른 해석을 할 수 있다. 그러므로 해석자는 성경의 기록 스타일을 잘 파악하고 있어야 하는 것은 여러 가지 언어의 표현법(figure of speech)을 활용하여 기록되었기 때문이다.

하나님께서 인간의 언어를 사용하여 그의 계시의 말씀을 우리에게 주신 사실도 하나님이 인간 언어의 특성을 계시 전달 과정에서 그대로 활용하셨다는 것을 확인할 수 있다. 성경해석을 바로 하기 위해서 우리는 언어의 특성을 연구해야 할 필요성이 제기되고 있다. 왜냐하면, 성경에는 언어의 표현법으로 기록되었는데, 그 안에서 단어를 사용하거나 기록자(저자)의 사상(思想) 등을 사용하고 있다.

좀더 세밀하게 설명해 보면, 낱말(단어)을 사용할 경우는 한 낱말을 사용해서 표현하고 있다는 것을 간파해야 한다. 또 사상을 사용할 경우는 여러 낱말(단어)을 동원해서 문장을 만들어 표현하고자 하는 내용을 말하고 있다. 한 문장을 사용하여 전체를 그렇게 표현하고 있음을 볼 수 있다.

성경 기록자가 하나님의 말씀인 계시를 표현하는 방법으로 여러 가지 표현 방법을 연구하면서 해석하는 것이 특수한 성경해석 방법이다.

1. 인격적 차원이 강조된 표현법-1

A. 의인법(擬人法,personification)
　-사물, 생각, 동물 등에 사람의 속성을 부여하여 표현하는 방법을 의인법이라고 한다.
　-즉 무생물(無生物)이 마치 생명과 인격을 소유한 것처럼 표현하는 방법을 말하고 있다.

B. 의인법의 예)

의인법은 특히 시적 표현에서 많이 나타나기도 한다. 예를 들어, "The sky weeps for every wounded heart"(하늘은 모든 상처 입은 가슴을 위해 운다)라고 하는 예에서 살필 수 있다.180) "예루살렘아 예루살렘아 선지자들을 죽이고 네게 파송된 자들을 돌로 치는 자여 암탉이 그 새끼를 날개 아래 모음같이 내가 네 자녀를 모으려 한 일이 몇 번이냐 그러나 너희는 원치 아니하였도다"(마23:37)와 동일한 표현이다.

C. 의인법의 예에 대한 해설

첫째 예에서는 마치 하늘이 감정이 있어서 슬퍼하는 것처럼 하늘을 대상으로 의인화한 것을 볼 수 있다.

둘째 성경 말씀의 본문에서 '예루살렘'이라는 성이나 땅을 향해 의인화 시켜서 예루살렘이 선지자를 죽인 것으로 묘사하는 것은 의인법을 사용한 것이라고 볼 수 있다.

2. 인격적 차원이 강조된 표현법-2

A. <u>돈호법(頓呼法, apostrophe)</u>

−돈호법은 인격적인 차원이 강조된 표현법으로서 'apostrophe'(돈호법)의 영어 명칭은 ἀπόστροφος(헬)에서 왔다.

−돈호법은 시행(詩行)이나 강연, 연설 등 도중에 그곳에 없는 사람을 부르거나 하는 행위를 말한다(의인화한 것, 관념 등을 부르기).

−또 글(문장)의 중도에서 갑자기 격앙된 어조로 사람 또는 물건

---

180) https://blog.naver.com

의 이름을 부르는 법이다(이때, 돈호법을 사용하는 것은 사람이나 물건이 존재하건 존재하지 않건 그것은 중요하지 않다).

B. 돈호법의 예)

사도 바울이 고린도 교회의 성도들에게 부활에 교리가 흔들리고 교회 공동체가 혼동된 모습을 보이자 그에 대해 변증하는 말씀이다.

"사망아 너의 이기는 것이 어디 있느냐 사망아 너의 쏘는 것이 어디 있느냐"(고전 15:55).

C. 돈호법의 해설

이 말씀에서 돈호법이 사용되었다. 그 외 수많은 성구에서도 이러한 돈호법의 표현이 나타나고 있다. 그만큼 성경 말씀은 계시적인 상태에서 성령의 감동으로 기록된 사실이 드러나고 있음을 볼 수 있다. 또 돈호법은 성경 말씀을 계시하는 현장을 그대로 구현하는 방편으로서 적절하게 사용하고 표현했으므로 해석자는 이를 중시해야 한다.

3. 연관을 사용하는 표현법-1

A. 환유(전유)법(換喩, Metonymy)

-대유법의 하나로서 환유법은 어떤 사물의 특징을 말한다. 연상작용으로 그 사물 자체를 인식하게 하는 비유법이다.

-하나의 관념을 연상시키는 그 무엇이 그 관념의 표시를 위해서 사용된다. 기호(記號)가 지시(指示)하는 사물을, 용기(容器)가 담기는

사물을 암시하는 경우이다.181)

　-헬라어 μετωνυμία에서 'Metonymy'(환유법) 용어가 유래했다.

B. 환유(전유)법의 예)

예수님께서 "아브라함이 가로되 저희에게 모세와 선지자들이 있으니 그들에게 들을지니라"(눅16:29)고 하신 것은 환유법의 표현이다.

바울은 로마서 3:29,30에서 "하나님은 홀로 유대인의 하나님뿐이시뇨 또 이방인의 하나님은 아니시뇨 진실로 이방인의 하나님도 되시느니라 할례자도 믿음으로 말미암아 또는 무할례자도 믿음으로 말미암마 의롭다 하실 하나님은 한 분이시니라." 여기서 바울은 환유법의 예를 말하고 있다.182)

C. 환유법 해설

위의 예로에서 로마서 3:29,30에서 유대인 대신 할례자도, 이방인 대신 무할례로 표현한 것은 환유법으로 해석한 것이다. 이같이 환유법은 한 단어를 다른 단어가 사용될 장소에 넣어 사용하므로 두 단어의 실제적인 관계를 설명해준다. 즉 의복으로써 그 옷을 입은 사람을 나타내는 것으로 간호사를 뜻하는 '백의의 천사'라든가, 용기로써 그 용기에 담긴 내용물을 나타내는 것으로 '한 잔 마셨다'에서 '잔'이 그 용기의 내용물인 '음료수'나 '술'을 대신한다.183)

이 외에도 욥기34:6, 에스겔7:27;23:29, 이사야22:22, 호세아1:2, 고린도전서10:21 등에서 환유법의 표현을 찾을 수 있다.184)

---

181) https://search.naver.com/search.naver
182) 박형룡, 성경해석학, 서울: 도서출판 엠마오, 1982, p.158.
183) https://100.daum.net/encyclopedia
184) 박형룡, 같은 책, p.154

4. 연관을 사용하는 표현법-2

A. 대유(제유)법(代喩, Syncdoche)
-하나의 사물이나 관념을 나타내는 말이 경험적으로 밀접하게 연관된 다른 사물이나 관념을 나타내도록 표현하는 수사법이다.[185]
-대유법은 일부분이 전체처럼, 혹은 전체가 일부분처럼 표현되는 방법이다.
-단수가 복수를 대신해서, 복수가 단수를 대신해서 표현되기도 한다.

B. 대유법의 예)
'흰옷'으로 우리 민족을, '백의(白衣)의 천사'로 간호사를, '요람에서 무덤까지'로 태어나서 죽을 때까지를 나타내는 것 따위이다. 성경 말씀의 표현은, "그때에 가이사 아구스도가 영을 내려 천하로 다 호적하라 하였으니"(눅 2:1).

C. 대유법 해설
대유법에 대한 해설을 한다면, 위의 누가복음 2:1에서 당시 로마 황제가 '천하로 다 호적하라 하였으니'의 표현에서 천하는 이스라엘 국내를 말하는 것이지 세계 전체를 말하는 것이 아니다. 그러므로 이스라엘 국내를 천하로 표현하므로 한 국가의 한계를 전 세계의 한계로 확장시키는 의미로 표현하고 있다.

---

185) https://search.naver.com/search.naver

5. 비유를 강조하는 표현법-1[186]

A. 비유법(比喩法,

비유를 강조하는 표현법은 수사법의 하나로서 말하고자 하는 목적을 위해 이해를 빨리하게 하고 표현에 멋을 내기 위하여 비유를 쓰는 기법이다. 다른 사물이나 인물 사건 등을 서로 대비하여 쉽게 전달하는 것이다. 이에 대한 비유법으론 은유, 직유법 등이 있다.

B. 비유법의 한 예)

"여호와여 내가 주께 부르짖으오니
나의 반석이여 내게 귀를 막지 마소서"(시28:1).

C. 비유법의 한 예)에 대한 해설

위에서 첫 번째 구절의 '여호와'를 강조하면서 두 번째 구절의 '나의 반석'으로 표현되었다. 여호와를 반석으로 표현한 것은 든든하여 의뢰할만한 '절대적 대상'을 말하고 있다. 여기서 '반석'이라는 구체적 사물을 등장시키는 것은 진정 의지해야 할 여호와는 움직이지 않는 요지부동의 대상, 절대적 하나님임을 돋보이고 있다.

〈Table-15〉	비유를 강조하는 표현법		
핵심단어 -	여호와 》	나의 반석 =	절대적 대상
비유해석 -	요지부동 -	구체적 사물 - 등장시킴	진정 의지해야 할 여호와를 돋보임

---

186) Peter Pae, 하나님의 구속사, 서울: 러빙터치, 2001, pp.65-68.

그 외에 시편을 해석할 때는 바르게 해석하기 위해 역사적 배경을 살펴야 한다. 또 신학적인 관찰을 하는 것이 유익한 성경해석이다.

6. 비교를 강조하는 표현법-2

A. 은유(隱喩, metaphor)
간략한 언어 표현법 중 또 하나인 은유는 명백히 표현되지 않은 비교(비유)이다. 직유보다 은유는 성경에 많이 기록되어 있다. 그리고 은유의 특징들이 암묵적(暗黙的)으로 비교된다.

골로새 성도들과 빌레몬에게 보낸 사도 바울의 서신들은 대략 AD 60-62년 사이에 바울이 로마 감옥에서 기록되었다고 여겨진다. 사도 바울이 골로새의 성도들에게 "너희가 은혜중에 말하고 그 말이 소금으로 맛을 내는 것 같이 하라'고 말한다. 이 구절은 은유에 속하면서 문맥을 통해서 그 뜻이 밝혀지고 있지만 항상 명백하지는 않은 경우가 있다.

B. 은유의 예)
"너희 말을 항상 은혜 가운데서 소금으로 맛을 냄과 같이 하라 그리하면 각 사람에게 마땅히 대답할 것을 알리라"(골로새서 4:6).

C. '은유의 예)'에 관한 해설
"너희 말을 항상 은혜 가운데서 소금으로 맛을 냄과 같이 하라"(골 4:6)은 직유이지만 "각 사람에게 마땅히 대답할 것을 알리라"(골

4:6)은 은유를 말해주고 이다.

'소금으로 맛을 냄과 같이'는 소금은 모든 음식에 맛을 낸다고 하면서, 소금이 없으면 음식의 근본적인 맛을 내지 못하는 것을 말하고 있다. 그러므로 성도들은 모든 음식이나 삶 가운데서 사용되는 소금과 같이 여러 가지 누구에게나 소용이 있고, 필요를 채우는 희생적인 믿음을 소유할 것을 교훈하고 있는 것이다.

7. 비교를 강조하는 표현법-3

A. 직유(直喩, simile)
간략한 언어 표현법 중 하나인 직유는 간결하게 표현하여 강조하는 비교 언어법을 말하고 있다.
  -직유는 두 개의 다른 물체를 비교하여 그 물체 간의 비슷한 특징으로 독자에게 인상을 주는 방법이다.
  -직유는 명백한 비교를 통해 교훈을 주기 위해 "… 같이"(like), "… 처럼"(as)을 사용하는 해석법의 표현이다.
  -직유에서 비교를 강조하는 요소는 사상, 그룹, 그리고 행위를 비교하는 것으로 나타내 준다.
  -직유는 일반적으로 한 가지 사실을 강조하기 위해서 비교라는 기능(技能)을 사용하고 있다.

B. 직유의 예)
16절. 내가 이같이 너희에게 행하리니 곧 내가 너희에게 놀라운 재앙을 내려 폐병과 열병으로 눈이 어둡고 생명이 쇠약하게 할 것이요

너희가 파종한 것은 헛되리니 너희의 대적이 그것을 먹을 것임이며
(먹는 것과 같이),
17절. 내가 너희를 치리니 너희가 너희의 대적에게 패할 것이요 너
희를 미워하는 자가 너희를 다스릴 것이며 너희는 쫓는 자가 없어도
도망하리라(레 26:16,17)

C. '직유의 예)'에 관한 해설

위 부분, '직유의 예'에서 소개하는 것처럼, 레위기 16절과 17절은
서로 비교를 이루고 있다. 위의 본문, 16절의 '먹는 것과 같이'(그것
을 먹을 것임이여)'에서 살펴볼 수 있는 점 3가지를 단적으로 직유
법으로 표현해 주고 있다.

첫째, 이스라엘 백성에게 '재앙이 내리는데 폐병, 열병으로 생명이
쇠약해지며/
둘째, 이스라엘 백성이 농사를 지어도 파종의 결실이 아무 것도
없어서 수확할 수 없으며/
셋째, 적들이 그들의 농작물을 먹어 치운다'는 것이다.
이같이 이스라엘 백성의 대적(對敵)들이 이스라엘 백성을 먹어 치운
것과 같이, 이스라엘 백성의 처참한 멸망을 '직유법'으로 표현하고
있다. 이것은 이스라엘 백성에게 하나님께서 재앙을 내리고 대적에
게 패하고, 대적의 다스림을 받으며, 결국은 도망하는 신세로 전락한
다는 것이다.
그리고 '16절과 같이 17절에서 하나님께서는 이스라엘 백성들에게
직유법을 사용하여 교훈적으로 더 완성해 가고 있음을 볼 수 있다.

8. 간접적으로 의사를 전달하는 표현법-1

A. 완곡어법(緩曲語法, Euphemism)

–현대인에게 많이 사용되고 있는 대화법이다.

–직접적 표현보다는 완곡하게 표현하여 상대방에게 감정이나 상처가 되지 않도록 배려하는 표현이다.

–구약성경에서 민감한 이슈를 다룰 때 많이 사용되었던 해석 방법이다.

B. 완곡어법의 예)

"데마는 이 세상을 사랑하여 나를 버리고 데살로니가로 갔고 그레스게는 갈라디아로, 디도는 달마디아로 갔고"(딤후 4:10).

C. 완곡어법의 예)에 대한 해설

"데마는 이 세상을 사랑하여 나를 버리고 데살로니가로 갔고"(딤후 4:10). 이 완곡어법 표현은 데마 외에 그레스게와 디도 역시 사실상 "희생의 길을 버리고 안락과 세속의 장소로 갔고"라는 뜻을 담고 있다. 그러나 바울은 자신이 사명의 길을 가는 표현으로 완곡어법을 사용하여 간접적으로 자신의 메시지를 완곡하게 표현하고 있다.

9. 간접적으로 의사를 전달하는 표현법-2

A. 곡언법(曲言法, litotes or meiosis)

–간접적으로 의사를 전달하는 표현법으로서 곡언법은 수사법(修

辭法)의 하나로서 무엇에 대하여 표현하려는 것을 빙 둘러서 말하여 뜻을 강조하는 효과를 낸다.

 -부정적인 진술을 사용하여 긍정적인 진리를 표현하기 위해 사용하는 방법이다.

B. 곡언법 예)

"너무나 괜찮다(좋다)"(It's so nice)라는 표현을 "이것은 나쁘지 않다"(It's not bad)처럼 표현하는 것을 말한다.

"누구든지 언제나 자기 육체를 미워하지 않고 오직 양육하여 보호하기를 그리스도께서 교회에게 함과 같이 하나니, 우리는 그 몸의 지체임이라"(엡 5:29,30).

C. '곡언법 예)'에 대한 해설

사도 바울이 "누구든지 언제나 자기 육체를 미워하지 않고 오직 양육하여 보호하기를"(엡 5:29)라고 한 후, "그리스도께서 교회에게 함과 같이 하나니"의 뜻을 가지고 있다. 또 그 다음 성경구절은 "우리는 그 몸의 지체임이라"(엡 5:30)라고 이어서 기록한 것은, 에베소서 5: 29의 앞부분의 '자신의 하찮은 육체라도 미워하지 않고 잘 살피라'는 말씀처럼, 자신의 부분에 대한 부정적인 생각을 잘 보호해야 하다는 것을 말해주고 있다.

이렇게 하면, 그 하찮은 자체라도 예수님이 교회를 긍정적으로 생각하고 희생하여 보호해주시고 예수님의 지체처럼 우리를 보호해주신다는 표현대로 진리를 긍정적으로 여기는 해석이 곡언법이다.

제15장

성경해석 원리-다섯 번째

특수 성경해석법-②

Bible Interpretation Principles-4

10. 효과를 진작하는 표현법-1

A. 과장법(過狀法, Hyperbole)

효과를 진작시키는 표현법으로서 성경의진리를 해석하는 효과에 대한 유리한 결과를 얻기 위해 계획적으로 부풀리는 표현 방법이라고 할 수 있다. 이 방법은 오직 진리를 믿게 하려고 강조하면서 우리의 관심을 사로잡아 사려 깊은 생각을 하게 하는 법칙이다.

-과장법은 실제로 사실인 경우에만 사용해야 한다.

-과장법은 보통 이상으로 고려해야 할 사건에만 적용시켜야 한다.

-과장법은 잠언의 형태로 진술되어야 한다.

-과장법은 평등과 불평등의 비교로 설명하기보다 유사점과 차이점의 관계로 설명해야 한다.187)

B. 과장법의 예)

"주의 궁정에서의 한 날이 다른 곳에서의 천 날보다 나은즉 악인의 장막에 사는 것보다 내 하나님의 성전 문지기로 있는 것이 좋사오니"(시 84:10).

C. '과장법의 예)'에 대한 해설

이 말씀은 이스라엘 사람의 심경을 적나라하게 읽을 수 있게 하는 시편말씀의 표현 중 한 구절이다. 인간은 누구나 장수하기를 원한다. 본문에서 시편 기자는 그 장수의 유익함의 표현을 빌려와 고백하고 있다. 아무리 다른 곳(세상, 주님과 함께 있지 않는 곳)에서 '천 날'을 지내면서 호의호식(好衣好食)하면서 오래도록 살아도, 하나님을 경배하면서 단 하루의 삶을 이루며 사는 것이 더 좋다고 하는 표현은 과장법의 표현의 정수(精髓)라고 볼 수 있다. '천 날'의 삶을 '한 날'과 빗대면서 한 날이 주님과 함께 삶을 이룬다면, 그것은 무엇에 견줄 수 없다는 과장법을 사용하고 있다는 것이다.

---

187) A.W. Pink, An Exposition of Hebrews(Grand Rapids : Baker, 1975), p.715. "Hyperboles are employed not to move us to believe untruths, but, by emphasis, arrest our attention and cause us to heed weighty matters."

11. 효과를 진작하는 표현법-2

A. 반어법(反語法,Irony)
반어법은 성경해석의 효과를 진작시키는 또 다른 표현법이다.

　-반어법은 기록자(저자)의 의중(意中)과는 반대로 표현하면서 성경 말씀의 진리를 전달하는 표현법이다. 주장하고자 하는 본문이 더 중요할수록 그 본문의 의미를 강조하기 위해 동원되는 언어 표현법이라고 볼 수 있다.

　-성경 기록자(저자)의 의중과 청중들과의 상관관계를 이해한다면, 반어법 해석이 가능해진다. 청중들은 반어법을 사용하면서 말씀을 전달하는 경우 본문이 뜻하는 바를 한층 더 각인시키는 효과를 얻게 되기 때문이다.

　-말씀을 기록한 당시, 그때 정황과 시기를 정확하게 판단하여 본문의 말씀 기록에 대한 이해를 해야 한다. 반어법의 언어표현법에 있어서 다음과 같은 병행법 안에서 동의적, 반의적, 계단식 등의 표현방법을 사용하여 전달하므로 그 효과를 진작(振作)시키고 있다.

B. 반의적 병행법의 예)
* 첫째 구절 - "유순한 대답은 분노를 쉬게 하여도,"
* 둘째 구절 - "과격한 말은 노를 격동하느니라"(잠 15:1).

C. 반의적 병행법의 예)에 대한 해설
위의 '병행법 중 반의적'은 둘째 구절이 첫째 구절과 병행하게 만들면서 예리하게 대조시키고 있다. 이로써 잠언 기록자의 사상은 온순하고 부드러운 성품에 인간관계를 원활하게 하는 품성을 강조하는 말씀이다. 그러므로 '동의적 병행법'(시103:3)과 '계단식 병행법'(시60:10-12)이 동일한 병행법으로 논리를 갖추고 있음을 보게 된다.

〈Table-16〉 **병행법-효과를 진작하는 표현법**

동의적 (시103:3)	반의적 (잠15장)	계단식 (시60:10-12)
*죄악-'사하시고 * 병 -고치시고	*유순환 대답- ''분노를 쉽게 하고… *과격한 말- '노를 격동하게 하며…	*우리를 버린 주가 아닙니까? *우리 군대와 함께 나가지 않는 주가 아닙니까(10절) *우리 적과 싸울 때 도우소서 (11절) *하나님의 도우심으로 이길 수 있으며, 그가 원수를 짓밟을 것입니다 (12절)

12. 효과를 진작하는 표현법-3

A. 역설법(逆說法, Paradox)

-반어법과 비슷한 표현법으로서 자신의 뜻을 힘주어 말하거나 또는 그러한 표현을 사용하여 효과를 높이고자 할 때, 사용된다.

-어떤 주의(ism)나 주장 혹은 견해(opinion)로서 그에 반대되는 생각(the opposite theory) 등을 표현하는 것으로 강조성이 가미된 것이다. 해석자는 이 역설법을 효과적으로 사용해야 할 것이다.

-역설을 표현하는 수단이면서, 어떤 주장을 모순되게 말하여 전

달하고자 하는 목적을 달성하는 표현법을 가리킨다. 성경은 이러한 역설법을 사용하여 기록된 예가 많이 기록되어 있다.

B. 역설법의 예)

> "오호라 여호와의 칼이여 네가 언제까지 쉬지 않겠느냐 네 칼집에 들어가서 가만히 쉴지어다"(렘 47:6).

C. 역설법의 예)에 대한 해설

예레미야는 여호와의 심판을 받는 블레셋 주민들의 모습을 '칼로 몸을 베는 것'에 대한 비유를 예레미야 47:5절에서 다음과 같이 표현하고 있다. "가사는 대머리가 되었고 아스글론과 그들에게 남아 있는 평지가 잠잠하게 되었나니 네가 네 몸 베기를 어느 때까지 하겠느냐?"

그러나 위의 본문에서는 그 심판을 멈추는 것에 비유하여 "여호와의 칼이여 언제까지 쉬지 않겠느냐?"라고 역설적인 표현을 들어 사용하고 있다. 그만큼 블레셋 거민(居民)들이 계속 하나님의 심판을 고통스럽게 받는 것을 역설법적 표현으로 말하고 있다.

이것은 역설법적인 표현법으로서 그 마지막 표현도 "네 칼집에 들어가서 가만히 쉴지어다"라고 하는 것처럼, 하나님께서 심판의 대상인 그들에게 이제는 심판을 마칠 것을 원하는 예레미야의 기원을 찾아보게 하는 말씀이다.

13. 우화적 성경해석법

A. 우화적 해석법(寓話法,allegorical)[188]

  -우화적 성경해석법은 헬라(희랍)인들에 의하여 생겨난 우화적 성경해석 방법으로서 알렉산드리아의 유대인들이 모방하고, 다시 기독교에 전수되어, 안디옥의 수리아 학파와 중세기의 빅토리아 학파를 예외로 하고 종교개혁 시대까지 기독교 주석(석의)계를 석권했다.

  -우화적 해석이란 어떤 한 문헌에다 생소하고 특이하며 혹은 숨겨져 있는 어떤 흥미로운 요소를 가미(加味)시켜서 보다 깊은 의미를 간직하고 있음을 강조하면서 본문의 의미가 우화적인 해석법에 좌우되는 것처럼 성경을 해석하는 것을 말한다.[189]
  -이에 대하여 호스킨스와 다비라는 학자는, "우화는 전적으로 상이한 경험 분야에서 온 일반적인 인물이나 사건을 대치하여 어떤 특정 인물과 사건과의 관계를 표시하는 것이다"라고 했다.[190]
  -윌프손이란 성경학자는 "우화적 성경해석 방법은 근본적으로 본문에 없는 기타 다른 어떤 것(검증되지 않은 사항)을 가지고 하나의 본문을 해석하는 것을 의미한다. 이때 다른 기타 어떤 다른 것이 무엇이냐에 대해서는 상관하지 않고 있다"고 말했다.[191]
  -여기서 언급한 기타 다른 어떤 것(something else)은 생소하고 비밀적이며 감취어진 어떤 것을 부각(浮刻)시킨다는 것을 의미한다.

---

188) 우화법(寓話法, allegorical), 한편 이를 풍유법(諷喩法)이라고도 표현한다.
189) 버나드 램, 성경 해석학, 서울: 생명의말씀사, 1970, p.262.
190) The Riddle of the New Testament, p.127.
191) 버나드 램, 같은 책, p.263.

B. 우화적 해석법 예)

"제자들(제자 중 둘)이 가서 예수께서 명하신 대로 하여 나귀와 나귀 새끼를 끌고 와서 자기들의 겉옷을 그 위에 얹으매 예수께서 그 위에 타시니 무리의 대다수는 그들의 겉옷을 길에 펴고 다른 이들은 나뭇가지를 베어 길에 펴고 앞에서 가고 뒤에서 따르는 무리가 소리 높여 이르되 호산나 다윗의 자손이여 찬송하리로다 주의 이름으로 오시는 이여 가장 높은 곳에서 호산나 하더라(마 21:6-9).

C. 우화적 법으로 성경해석한 말씀에 대한 해석
  -위의 말씀은 나귀를 타고 예루살렘 성에 입성하는 예수님의 모습이 기록된 사건이다.
  -여기서 우화적으로 해석한 것을 나열해 본다.
  '나귀'는 구약을 가리킨다. 그리고 '새끼 나귀'는 유순하고 순종한다는 의미에서 신약을 말한다고 한다.
  예수님의 분부대로 나귀들을 찾아 예수님께 끌고 온 두 제자는 도덕적 의미와 영적 의미를 지닌다.
  -이 외의 '리브가가 아브라함의 종과 그 가축을 위해 물을 긷는 것은, 곧 우리가 그리스도를 만나기 위해 성령의 우물에 와야 함을 의미한다'고 해석한다.
  -또 '에덴동산에서의 아담이 타락한 기록에서 '무화과 나뭇잎'은 '위선'을 말하는 것이라 하며, '가죽 옷'은 '도덕'의 의미로 해석하며, '네 개의 강'은 '4가지의 덕목'을 뜻한다고 하면서 우화적 해석을 하고 있다.

D. 우화적 해석법을 경계해야 한다

-톰(Torm)이란 학자는 "우화적 해석법에 있어서 해석자가 본문의 문자적 의미와 나란히 또 하나의 보다 깊은 별개의 의미를 찾고 있는데, 사실 이렇게 찾은 의미는 본문(문맥)의 문자적 의미를 제외시키기까지 한다"고 주장하고 있다.[192]

-그런 면에서 우화적인 방법은 성경해석 방법에서 매우 경계해야 하지만, 대부분 정통 기독교 단체나 개혁 교단에서는 이를 기피하는 해석벙법이라고 못 박고 있다.

-성경을 해석하는 현장이나 강단에서 우화적 해석방법으로 본문과 문맥을 잘못 해석하는 우화적인 해석이 발생하는 것은 안타깝고 바람직한 일이 되지 못한다.

14. 상징을 사용하는 성경해석법

A. 상징적 성경해석법

-상징(象徵) 자체는 문자적 물체이다. 상징에서 가리키는 물체는 숫자, 색상, 귀금속, 만물 등을 들 수 있다.

-상징은 성경에 드물게 나타나고 있는 교훈과 진리를 효과적으로 전달하기 위한 수단이다.

-상징성을 통해 실제적 물체에 숨어있는 진리의 교훈을 가르치려고 하는 교훈과의 관계를 깨닫는 것이 중요하다.

-상징을 사용한 사람의 의도(意圖)를 알면, 상징의 목적이 명백해지면서 상징적인해석이 용이해 진다.[193]

---

192) https://search.naver.com/search.naver?
193) 모세가 든 구리 뱀-십자가 바라 봄/유월절 어린 양/십자가 제물로 드려질 어린양 예수).

-상징과 표상(表象)은 서로 간 밀접한 관계를 가지고 있다.

-상징의 구분: 상징적 사물, 상징적 환상, 상징적 행위, 상징적 속성, 상징적 이름 등이 있다.194)

B. 성경의 상징해석 원리

-성경 말씀(본문 혹은 문맥 등)이 그 상징을 해석해야 한다.

-상징 자체가 우리를 이해하는데 납득(納得)이 되어야 한다.

-성경 해석에서 상징을 해석하는 작업 중 모든 성경 구절이 공통적으로 적용된다는 뜻을 찾아야 한다.

-특별한 문맥에서 해석의 답(뜻, 의미, 진리, 교훈 등)을 찾기 위해 본문의 앞뒤 문맥 연결을 잘해야 한다.

C. 상징적 성경해석의 예)

"내가 보매 어린 양이 일곱 인중의 하나를 떼시는데 그 때에 내가 들으니 네 생물 중의 하나가 우렛소리 같이 말하되 오라 하기로 이에 내가 보니 흰 말이 있는데 그 탄 자가 활을 가졌고 면류관을 받고 나아가서 이기고 또 이기려고 하더라"(계6:1-2).

D. 상징적 성경해석에 대한 해설

-이 부분은 일곱인의 재앙을 기술하고 있는 말씀이다. 그리고 상징적인 말씀 중 가장 적나라한 말씀이기도 하다.

-예수님께서 감람산에서 언급하셨던 마지막 때의 징조들과 매우 유사하다(마:241-35).

---

194) 예 : 사도 요한의 계시록의 환상-흰말, 붉은 말 검은 말, 청황색 말, 계 6:1-8.

-위, 상징적 성경해석의 예)의 구절에서 상징으로 나타난 종말의 사건들은, 1.재난의 시작(마24:8)/ 2.큰 환난의 시기(마24:21)/ 3. 그리스도 재림 시기(마24:29,30) 등이다.

-위의 예)의 말씀은 상징을 말씀하고 있으므로 하나님에 대한 진리의 교훈을 깊이, 그리고 사려 깊게 살펴 볼 수 있으며, 말씀대로 적용하여 온전한 그리스도인의 삶을 살게하는 것이다.

15. 예언에 대한 성경해석 방법

A. 예언에 대한 성경해석법

-예언이란 하나님의 뜻(계시)이 담긴 내용을 특별한 전달 방법으로 하나님의 말씀을 가리킨다.

-성경에서는 예언자들이 "성령에 감동되어 하나님으로부터 받아 말했다"(벧후1:20,21)고 증거한다.

-즉 예언하는 선지자는 하나님의 소식을 받아서 다른 사람들에게 전달하는 일을 하는 사람을 말한다(행3:18).

-예언은 하나님의 뜻을 나타내는 특별계시에 비추어 천국 발전과 종국적 절정을 미래 실현으로 내다보게 한다.

B. 예언에 대한 성경해석 원리

-성경 본문(문맥) 속의 예언에 대하여 유기적 특성과 역사의 연관성을 알아야 한다.

-본문 속의 예언 부분에 나타난 모형의 특성을 세심히 살핀다.

-성경 해석자가 미처 알지 못하는 요소가 해석하고자 하는 예언 부분에 담긴 것을 캐치 해야 한다.

-하나님께서 자신의 계시(하나님 말씀이며 그의 뜻)를 예언이란 방편을 통해 전달하기를 원하신다.

-성경 본문을 문자를 통한 방편으로 특별하게 전달하기 바란다.

-성경에서는 하나님께서 직접(친히) 십계명을 돌판에 기록하여 모세에게 전하기도 하셨다(출31:18).

C. 예언의 성경해석에 대한 해설

-다음 도표(Table-10)은 바벨론 왕국의 느브갓네살 왕의 꿈의 부분 앞부분이다. 그 꿈의 내용이 하도 기이한 '세상 마지막 때까지 역사적 진행 과정'을 해몽할 사람이 없으므로 다니엘이 불려 나갔다.

-다니엘이 왕과 문무백관 앞에서 바벨론 왕의 꿈을 해몽해주는 하나하나의 과정을 하나님께서 다니엘을 통해서 앞으로 진행될 세계 역사에 대한 예언을 하게 하신 것이다.

-느브갓네살 왕이 꿈으로 본 신상의 부위가 각각 의미있게 나타나 있는 것을 다니엘 선지자가 자세하게 해석하므로 그 자체가 예언이 된다는 것이다.

-또 다른 사례는 하나님께서 전달하고자 하는 메시지를 가지고 전하는 천사를 통해 말씀하신 것은 성경에 기록되어 있으며 이러한 사례는 무수히 많다(출3:2-4,10).

-사람의 영과 생각을 인도하심처럼, 하나님은 예언자들의 생각을 인도하셔서 자신의 말씀을 전달하게 하신다.

-하나님께서 역동적인 성령 하나님을 동원하셔서 예언자들의 정신에 자신의 생각을 '불어넣으심'(삼하23:1,2)으로 그의 계시를 예언하게 하셨다.

D. 예언에 대한 성경해석의 예)

<Table-17> **다니엘 선지자의 환상에 대한 예언과 해석(단2:31-35)**

느브갓네살이 꿈으로 본 신상의 부위	다니엘의 예언과 해석	예언의 역사적 성취
정금으로 된 머리 '금 머리'(단2:38)	느브갓네살 왕이 통치하는 바벨론 왕국	신 바벨론 제국 (605-538 B.C)
은으로 된 가슴과 팔 '다른 나라'(단2:39)	보다, 열등한 나라	메대 파사-페르시아 제국 (538-333 B.C)
동으로 된 배와 넓적 다리 '놋 같은 나라' (단2:39)	온 세계를 다스릴 제국	그리스-헬라 제국 (333-63 B.C)
철로 된 다리 '철 같으리니'(단2:40)	철같이 강한 왕국, 뭇 나라들을 부수고 정복함	로마 제국 (63 B.C-A.D. 476)
진흙과 철로 된 발과 발가락 '그 나라가 나누일 것이며'(단2:41)	왕국의 분열, 강대국과 약소국이 공존함	로마 제국 이후에 일어나는 모든 나라들 (A.D.476-현재)
산에서 뜨인 돌 '하나님이 한 나라를 세우리니'(단2:44,45)	하나님이 세우실 영원한 왕국으로 이 세상의 모든 나라를 파(破)하고 영원히 서게 됨	그리스도의 성육신과 재림으로 이루어질 하나님 나라의 요소는 하나님의 통치와 주권이다. 그리스도 초림으로 이 땅 위에 그 나라는 임했으나 최종적 완성, 즉 새 하늘과 새 땅, 영생 등은 아직 이루어지지 않았으며 그리스도의 재림 때 비로소 성취될 것이다.

제16장

성경해석 원리-여섯 번째

모형론 성경해석

Bible Interpretation Principles-5

ⅰ. 예표점(the point of typology) 해석

구약의 역사는 장구한 세월 동안 구약은 줄기차게 장차 오실 예수를 예언했다. 예수님 자신도 구약역사를 예표점으로 해석하셨다. 예로서 마태복음 12장에서 예수님은 자신을 "성전보다 큰 이"(6절), "요나보다 더 큰 이"(41절), "솔로몬 보다 더 큰 이"(42절)로 말씀하셨다. 이것은 성전이 예수님의 예표이고, 솔로몬이 예수님의 예표를 말한 것이다. 그러나 실체이신 예수님과 비교할 때, 그들은 '그림자'-모형에 불과한 것을 의미한다. 구약의 역사를 해석할 때, 오늘 여기에서,

오늘 '나'의 교훈을 위해, 우리의 구주 '예수님'과의 예표적 관계에 근거해야 한다.

1.모형론-'모형'과 '원형'을 근거한 해석원리

| 모형-요나 ↔ 원형-예수님
| 모형-성전 ↔ 원형-예수님
| 모형-솔로몬 ↔ 원형-예수님

종교개혁의 성경해석자 J. 칼빈도 '예표론'(모형론) 차원을 인정했다. 그러나 예표론적으로 지나치게 해석하면서 너무 한쪽으로 치우쳐 해석하면, 우화적(allegorical)으로 빠지는 위험을 경계해야 한다. 그만큼 예표적(typological)인 해석은 신중을 기해야 할 것이다.

2 모형론-장차 오실 예수 예언

모형	모형론(typology)-장차 오실 예수 예언		원형
	구약-예언 Text 근거	신약-성취 Text 근거	
구약에서 찾음	**모형 - 요나** -오실 예수 예언	**예수님 - 원형** -요나보다 큰 이마(12:41)	신약에서 찾음
	모형 - 성전 -상징적 예언	**예수님 - 원형** -성전보다 큰 이(마12:6)	
	모형 - 솔로몬 -사람에 대한 예언	**예수님 - 원형** -솔로몬보다 큰 이(마12:42)	

"만일 우리가 성령으로 살면 또한 성령으로 행할지니"(갈 5:25)

〈Table-18〉 **예표점으로 해석한 예**

ii. 예표점을 잘 잡으라!

1. 예수님의 예표점

구약역사를 '예표적'으로 해석한다고 할 때, 주의할 점은, 어느 부분이 예표가 되는가? 신중하게 살펴서 결정해야 한다. 한 예로, 요나가 예수님의 예표라고 할 때, 요나가 니느웨로 가라는 하나님의 명령을 거부하고 다시스로 간 불순종의 부분이 예수님에 대한 예표가 아니다.

예수님의 예표점(the point of typology)은 요나가 3일간 물고기 뱃속에 있었던 것이 예수님이 3일간 땅속에 있는 것–'음부의 예표로 제시되어 있다. 여기서 해석 작업이 잘못되면, 해석이 오석(誤釋, misinterpretation)이 된다.

2. 예표점-Point

〈Table-19〉 **예표점 - Point**

"요나가 밤낮 사흘 동안 큰 물고기 뱃속에 있었던 것 같이 인자도 밤낮 사흘 동안 땅 속에 있으리라" (마 12:40).

iii. 예표점으로 해석한 설교의 실재

1. 정탐꾼을 피신시키는 라합

모형론을 진지하게 연구하는 마음으로, 어떤 말씀이 모형론을 리얼하게 다루는 말씀인가? 방대한 성경을 묵상 중에 살펴본 결과, 이스라엘 민족이 애굽을 벗어나 시내 광야로 나간다. 과도기적 과정과 가나안을 점령하는 전쟁의 역사 속에서, 모형론의 진리가 구속사를 리얼하게 드러내는 것을 볼 수 있다.

다음은 여호수아 2장 중 '정탐꾼을 피신시키는 라합'(15-21절)의 본문을 택하여 모형론 해석방법을 통해 예표점으로 해석하는 모형론의 설교의 실재(實在)를 제시해 본다. 이 해석방법이 얼마나 심오한 진리에 다가가게 하는지를 연구하게 한다.

〈Table-20〉   _본문 : 여호수아 2:15-21_

15절, 라합이 그들을 창에서 줄로 달아 내리우니 그 집이 성벽 위에 있으므로…
16, 17절, 생 략 …
18절, 우리가 이 땅에 들어 올 때에 우리를 달아 내리운 창에 이 ***붉은 줄***을 매고 네 부모와 형제와 네 아비의 가족을 다 네 집에 모으라.
19절, 누구든지 네 집 문을 나서 거리로 가면 그 피가 그의 머리로 돌아갈 것이요, 누구든지 너와 함께 집에 있는 자에게 누구든지 손을 대면 그 피는 우리의 머리로 돌아오려니와.
20절, 생 략 …
21절, 라합이 가로되 너희의 말대로 할 것이라 하고 그들을 보내어 가게하고 ***붉은 줄***을 창문에 매니라.

A. 붉은 줄

본문 중에서 드러나는 '붉은 줄'은 15절의 이스라엘 정탐꾼들을 살리기 위해, 가나안에 거주하는 라합이 내린 줄을 가리킨다. 가나안 군사들이 그곳의 정탐을 하던 중, 적의 추적을 당해 그녀의 집에 은신하게 된다.

B. 정탐꾼과의 약속

그 후 정탐꾼들은 성벽 위에 위치해 있었던 라합의 집에서, 붉은 줄을 타고 내려와 도피하여 이스라엘 진영에 무사히 이르게 된다. 18-19절에서 목숨을 걸고 자신들을 살려준 대가를 라합에게 제시하는 대목이다. 21절에서 라합은 정탐꾼들이 구체적으로 언급하여 약속했던 그 붉은 줄을 창문에 매어 달았다. 그리고 여리고 성 함락 때, 살게 되는 구원의 은혜를 온 가족과 더불어 얻게 된다.

B.1 배경 설명-유다의 왕족 혈통으로

라합은 유다의 왕족인 살몬과 결혼하여 메시야의 조상의 반열에 오르게 된다. 그러므로 이방인으로 구속사의 혈통을 이어가는 은총과 영광을 받았던 것을 말해주고 있다.

> "살몬은 라합에게서 보아스를 낳고 보아스는 룻에게서 오벳을 낳고 오벳은 이새를 낳고 이새는 다윗 왕을 낳으니라"(마1:5,6).

B.2 예표점

'구약 성경역사의 해석방법의 원리'의 영적인 깊이로 해석하는 방법 중, '예표점'을 위의 본문 중에서 관계된 말씀으로 선정한다.

-예표점을 가장 함축적으로 지닌 단어를 선정한다.

18절을 예표점을 가진 말씀으로 지정한다. 또 중요한 단어를 다음의 붉은 줄 로 설정한다.

　　-'영적인 해석으로 시도한다.

'붉은 줄'을 해석하기 위해, 여러 가지 성경해석학 방법 중에서 영적인 해석 방법을 택하여 시도한다. 이 방법은 모형론을 연구하는데 성경의 진리를 깊고, 옳게, 바르게 해석하게 해주는 길라잡이 역할을 해 준다. 또한 대체적으로 신학자들이 말하는 전통적인 성경해석 방법은 여러 가지가 있다.

그 방법을 열거하면 다음과 같은데, 문법적 해석, 역사적 해석, 성경적 해석방법이 있다는 것을 알 수 있다.

2. 주경 신학자들의 견해

본문의 예표점에 대해 주경 신학자들의 해석과 견해는 무엇일까? 성경해석의 옳은 견해와 신학적인 질문을 제시하기 위해, 명성 높은 성경 신학자들의 주장을 참고함으로, 그 타당성을 살펴보면 다음과 같다.

　　A. J. P. 랑게 : '붉은 줄'(תִּקְוָה)은 하나의 '줄'(קָו)을 말하고 있다. 이 줄은 '붉은 색'으로 짠 것으로 '붉은'이라는 형용사가 붙었다. 이 것은 정탐꾼들이 라합에게 준 '표'로서, 이 표는 분명한 약속이며 생명을 담보로 한 것이기에, 어떤 표보다도 더욱 중요한 표이다. 종국에 라합은 이 표를 자신의 창문에 달아 그녀의 가족, 가문이 살게 된다.

B. 캠벨 : '붉은 줄'과 '그리스도의 피'는 구원의 의미를 동일하게 갖고 있으므로, 이 점을 간과해서는 결코 바른 성경해석이 될 수 없다. 그러나 붉은 줄의 붉은 색깔은 그리스도의 붉은 피의 색깔과는 무관하다고 한다.

C. 우즈스트라 : 구약과 신약 사이의 모형과 원형 관계는 색깔이나 혹은 외적인 관점에서가 아니라 내적 의미로 고찰되어야 한다. 따라서, 붉은 줄의 붉은 색깔은 예수 그리스도의 붉은 피의 색깔로 연결시켜서는 안된다고 말한다.
마지막으로 한국의 보수적인 주경 신학자이며, 신구약 66권을 주석한 박윤선 박사의 견해를 살펴본다.

D. 박윤선 : '붉은 줄'은 예수 그리스도로 말미암는 속죄 피를 예표하고 있다. 이같이 주장했던 교부와 학자는, 클레멘스, 저스틴, 오리겐, 말틴 루터 등이다. 하나님께서 생명, '구속', 그리고 '정결'을 이스라엘 백성에게 가르치기 위하여 가끔 붉은 색을 사용했다. 이스라엘이 출애굽 할 때, 문설주에 양의 피를 바른 것과 제사의 제물이 피를 흘리게 된 것이다. 그래서 '붉은 줄'은 장차 오실 그리스도를 예표로 말하고 있다고 밝혔다.

iv. 예표점(the point of typology)에 대한 분해

평범하게 활자로 나열되어있는, 본문을 중심으로 배경 설명과 더불어 예표점을 찾았다. 이 예표점이 신학적으로 어떤 의미와 진리를 지니고 있는지, 숨어있는 오묘한 것을 발견하기 위해, 주경 신학자들의 예리한 분석을 토대로 나름대로 모형론의 진리를 찾아 나선다.

1. 복음과 생명의 '끈'을 보게 한다

주경 신학자들의 제 견해를 미루어 보건대, '붉은 줄'과 '라합'은 마치 복음과 생명의 관계라 할 수 있다. 복음은 생명을 건지기 위해 인간에게 베풀어진 하나님 계시의 말씀이다. 복음이 없고서는, 진정한 생명도 없고 자유 또한 생각할 수 없다.

2. 라합의 신뢰성과 '붉은 줄'

라합은 결단코 살 수 없는 이방 여인이었고, 또 그녀의 신분적으로도 더욱 그랬다. 그러나 그녀가 여리고 사람들이 모두 멸절 당하는 가운데서 살 수 있었다. 그 근본적 원인은, 믿음으로 구원 얻은 내적 요인을 강조하고 있다(히11:31). 이것은 본문의 예표점에 관련된 것으로 붉은 줄의 역할이 절대적이라 할 수 있다. 이 붉은 줄이 라합에게 제시되기까지, 우선, 그녀의 신뢰성을 지나칠 수 없다. 라합은 이스라엘 백성으로서 하나님이 유일한 여호와로 믿는다. 그녀와 관련된 일련의 사건들을 접할 때, 그 사실들을 모두 하나님의 역사로 받아들인 것이다.

출애굽 때, 홍해가 갈라진 사건, 아모리 왕 시혼과 옥을 전멸케 한 사건, 광야 40년간, 하나님의 구름기둥과 불기둥의 역사가 이스라엘 백성을 보호한 일 등에 대하여 그녀는 믿음을 보였다. 또한, 라합은 정탐꾼들에게 "상천하지에 살아계신 하나님의 역사"라고 실제로 자신의 입을 열어 증거한 것이다.

3. 라합의 믿음의 사실의 증거를 살필 수 있는 말씀

> "이는 너희가 애굽에서 나올 때에 여호와께서 너희 앞에 홍해 물을 마르게 하신 일과 너희가 요단 저편에 있는 아모리 사람의 두 왕 시혼과 옥에게 행한 일 곧 그들을 전멸시킨 일을 우리가 들었음이라. 우리가 듣자 곧 마음이 녹았고 너희의 연고로 사람이 정신을 잃었나니 너희 하나님 여호와는 상천하지(上天下地)에 하나님이시니라"(수2:10,11).

v. 모형론이 주는 교훈(진리)

1. 라합의 신앙과 상급

A. 라합의 신분
그녀는 이스라엘의 적국인 가나안 거주민의 한 사람이었다. 라합은 심판자나 예언자도 아니다. 또 영웅은 더욱 아니다. 그녀를 그 시대 속에서 직업적으로 신분적으로 그리고 출생적으로, 떳떳하지 못하거나 내세울 것이 없는 불쌍한 여인이었다. 사회에서 버림받은 위치에 있었다. 오히려 이스라엘 침략으로 인해, 당연히 가문과 그녀의 생명이 보호받지 못하여, 파멸당해야 마땅한 그런 이방 여인이다.

B. 라합의 하나님에 대한 믿음
그녀는 자신이 지니고 있던 모든 악조건에도 불구하고, 자신의 환경에 어울리지 않는 믿음이 있었다. 그것은 여호와 하나님에 대한, 라합의 준비된 믿음이었다. 라합은 하나님에 대한 신뢰의 사실을 간증하기 전, 9절에서 그녀 자신이 터전을 삼고 자손 대대로 살아왔던 조상의 땅을, 하나님께서 그들에게 준 곳으로 믿는다고 했다.

어떻게 이런 일이 가능할까? 그녀가 성경의 진리를 받아들였다는 기록도 없었다. 또 어떻게 하나님에 대한 믿음을 자신 있고 꾸밈없이 진솔하게 내놓을 수 있을까? 즉 라합은 개인에게 주어진 신앙의 대상이 하나님인 줄 알았을 것이다. 그 하나님을 여러 가지 증거에 입각해서 완전히 믿는데 남은 생애를 걸었다. 과연, 선교적 관점으로 구속사의 신비로움이 또 여기서 발견된다.

C. 라합의 믿음으로 발출된 행동

그녀의 구원의 직접적인 동기는 정탐꾼들을 친절하게(융숭하게) 대접해준 것이었다. 하나님에 대한 믿음은 그녀의 생각을 지배했다. 이 생각은 곧 행동으로 이어졌다. 그녀의 이런 행동은 목숨을 내걸고 실행(시작)한 것이다. 이에 대한 상급은 본문에 결코 지울 수 없는 기록으로 후대에 길이길이 전수되고 있다.

D. '붉은 줄'과 구속사적인 교훈

이 상급을 이루기 위한 구체적 절차는 그들과의 협약 사항으로 맺었던 '붉은 줄'의 독특한 표식에 있었던 것이다. 그리고 그녀는 표시(붉은 줄)에 대한 약속 이행은, 믿음을 수반한 절대적 행동에서 드러났으며, 그것은 순종의 열매로 나타났던 것이다.

2. '붉은 줄'의 상징성

도대체 붉은 줄이 가져다주는 의미가 무엇을 말하고 있는가? 때때로 대단한 의미를 가지고 있어야 할 것이 대수롭지 않을 수 있으며, 실제로 대수롭지 않은 것이 대단한 의미 부여를 하는 예가 있다. 그것이 바로 '붉은 줄'이 지닌 깊고 오묘한 진리이다.

A. 속죄의 피를 예표하는 상징이다
오직 멸망 직전 여리고 성에서, 라합과 그의 가정을 구원하기 위한 표식으로 사용된 것이 '붉은 줄'이다(21절). 그러나 붉은 줄은 거기서 역할이 끝나지 않았다. 초대교회 때부터 지금까지, 그리스도로 말미암은 속죄의 '붉은 피'를 예표하는 것으로 가르쳐 왔다.

B. 예수 그리스도의 구속의 강력한 예표성이다
'붉은 줄'이 매달린 집, 라합의 가문은 죽음에서 건짐을 받았다. 붉은 줄은 구원을 상징하는 메시지이다. 붉은 줄을 매달았다는 것은, 이스라엘이 공격할 때, 아무도 손댈 수 없도록 한 것이다. 지금 우리가 오직 예수 그리스도의 보혈의 피 하나로 말미암아 생명을 살리는 구원을 얻는다. 이방 여인이었던 라합과 붉은 줄로만 구원이 가능한 사건은 구속적인 진리를 설득력 있게 제시하고 있다.

C. '붉은 줄'의 예표성은 은총의 현상이다
본문에 있어서 '예리한 예표점'이 확실하게 붉은 줄이 된다. 이렇게 중요한 예표점이 붉은 줄의 형상으로 나타나는 것은, 우리에게 구원과 밀접한 관계가 있으며, 하나님의 은총을 현상으로서 밝히 나타나는 생명의 교훈이다.

3. 구약의 '붉은 줄'과 신약의 '붉은 피'[195]

A. '붉은 줄'과 '붉은 피'는 공통적 구원의 의미가 깊다

이 점이 영적인 해석방법에서 조명할 수 있는 이점이다. 예표점을 중심하여, 모형론에 근거한 올바른 성경해석을 추출하고자 할 때, 영적인 도구를 사용하여 성경을 해석하는 것이다. 그러므로 구약의 붉은 줄은 신약의 붉은 피의 그림자에 불과한 모형으로서 원형을 드러내고 증거하는 사명을 지닌다.

〈Table-21〉　　　**모형-붉은 줄과 원형-붉은 피**

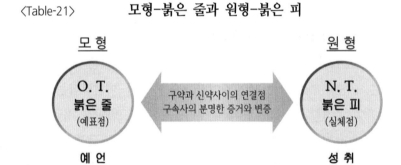

B. 라합의 구원역사의 모형론적 의미는 무엇일까?

수천 년 전에 발생했던, 여리고성 함락의 멸망의 역사 속에서 이방인이며, 직업적으로도 세속적이며, 거룩한 것과 전혀 상관없는 라합

---

195) Peter Pae S. Young, 하나님의 구속사, 서울: 러빙터치, 2001, pp.65-68.

이었다. 그녀는 더욱 구원과는 거리가 너무나 멀었다. 아니, 구원과는 격(格)이 맞지 않는 여인이지만 그녀는 구속의 모형을 예표하는 사역자로서 구속역사의 주역으로서 이방 지대의 주역으로 우뚝 서게 된 것이다. 그리고 성경에서 그녀를 대속의 한 과정을 담당하는 여인으로 증거하고 있다는 것이다. 이런 사실은 실로 라합으로서도 영광이고 명예스러운 일이지만 가고오는 세대에게 구속의 귀감(龜鑑)으로서 나타나고 있다.

그러므로 세속(世俗)의 현장 속에서 당연히 '멸망 받는 악연(惡然)' 속에서, 모형론의 해석방법으로 진리를 밝히 드러내 보이게 된다. 멸망하고 존재 자체가 사라질 심판의 위기 속에서 그 심판을 결코 면제받을 수 있는 존재가 아닌, 이방인 신분의 라합 여인의 구원 사건은 구속사의 계시적인 의미를 풍성하게 담고 있다는 것이다. 그러므로 그녀는 그 사건 안에서 영원히 '구원 받는 필연(必然)'으로 바뀌게 된다.

모형론의 해석방법으로 '저주 받을 악연'(惡然)의 존재(The existence of a cursed)가 '구원받는 필연(必然)'의 존재(The existence of a saved)로 전환되는 진리를 캐내게 되는 값진 교훈이라는 것을 새삼 이해하게 된다.

신약시대에서 복음을 세우고 목자가
되기 위해 그리스도는 단번에 희생
제사로 새 예배자가 되었다

제17장

성경해석 원리_일곱 번째

구속사적 성경해석

Bible Interpretation Principles-6

i. 구속사적 성경 해석학은 무엇인가?

(What is the Interpretation of the Bible?)

1. 계시 마감 형태로서 해석의 요구

하나님께서 자신을 드러내 보이는 방편으로 계시를 주셨고 그 계시의 형태는 계시를 마감한 한 형태(a form)로 나타난 것이다. 이에 계시는 반드시 해석을 요구하게 된다. 수천 년 전에 주신 계시로 된 언어의 의미와 원 뜻을 지금 시대의 조건으로는 올바로 이해하며 깨달음을 제대로 얻기란 심히 어렵기 때문이다. 그러므로 하나님의 계시는 반드시 해석을 가(加)해야만 계시의 말씀이 지닌 원뜻을 깨달을 수 있으며 그 말씀을 얻을 수 있다.

옳은 지식과 교훈이 담긴 계시의 말씀은 분명한 원리와 방법으로 해석해야만 그 말씀이 주고자 하는 진리를 얻도록 되어 있다. 그러므로 말씀의 계시가 내포(內包)되어 있는 오묘한 해석을 거쳐야만 올바른 진리를 얻을 수 있으며 그 말씀대로 적용하며 삶을 이룰 때 풍성하고 영적인 삶의 결실을 얻게 된다.

2. 성경해석의 일반적 개념

성경해석의 일반적 개념은 본문(a text)의 해석과 문자로, 말로, 언어로, 비언어(상징 등)로, 어떤 커뮤니케이션 행위에 대한 해석이나 의미를 말하며 그 이해와 관련이 있는 학문을 말하는 것이다. 따라서 성경해석의 개념은 하나님 계시의 원뜻을 올바로 풀어서 그 진리를 알아 풍성한 그리스도인의 삶을 사는 것이다.

3. 성경 해석학 용어의 유래

해석학(Hermeneutics)은 히브리어의 פשׁר(페세르)-'해석'의 뜻으로 사용된 것은 사해 사본의 묵시적 분파주의자가 사용하면서 유래되었다. 헬라어의 동사 'ἑρμηνεύω'(hermeneuo)에서 '설명한다'(to explain)의 뜻으로 사용된 용어에서 파생된 단어이다. 이 말에 근거하여 하나님 말씀인 계시를 해석하는 데에는 4가지 기본적 도구

(tools)가 있다. '구속사적 성경해석학의 원리' 부분에서 심플하게 소개하고 있다.

ii. 구속사적 성경 해석학의 서술
(Description of Redemptive Interpretation of the Bible)

성경은 역사적 내용을 많이 포함하고 있다. 이는 인간을 구원하기 위해 하나님께서 시간을 모아 역사를 이루신 극장 같다고 했다(오스카 쿨만).196) 그러나 역사가 하나님의 계시를 제시해주는 긍국적인 사역이 될 수 없다.

1. 구속사적 성경해석의 개념
(Concept of Redemptive Interpretation of the Bible)

A. 구속사적 성경해석학 필요
(Necessity of the Redemptive Interpretation of the Bible)

1950-60년대 화란 개혁파 교회의 설교자들이나 청중들은 성경말씀에 대하여 구속사적 관점에서 해석하면서 어떻게 설교에 적용하느냐를 고민하면서 그 관심이 커지기 시작했다. 구속사적 입장에서 모범적 해석을 설교에 적용하는 문제를 고민하게 되었다.197)

---

196) 오스카 쿨만 (Oscar Cullmann, 1902년 2월 25일, 1999년 1월 16일)은 루터교 전통의 개신교 신학자였다. 루터교와 로마 가톨릭의 전통 사이에서 대화를 성립시키는데 공헌했다. 그의 신학에서 가장 유명한 공헌은 '이미'와 '아직 아니'라는 종말론의 새로운 주장은 실현된 종말론을 주장한 C.H. 다드와 철저한 종말론을 주장한 슈바이처의 종말사관에 반대하면서도 바르트나 불트만의 견해에도 반대한 획기적인 발상으로 인정받는다. 그는 구속 신학을 주장하였다.

197) '2008년 1회 목회전략세미나'-구속사적 설교란 무엇인가?, 정성구 목사 외 (2007.11.22./새중앙교회/현직목회자 및 신학생)/총회(대신) 교육부, pp.23-24.

B. 구속사적 성경해석학 개념
(Concept of Redemptive Interpretation of the Bible)

시간적 역사를 주도하는 하나님은 이미 과거에 발생했던 시간과 공간이라는 역사선상의 사건을 주도하시는 하나님의 주제와 그 의도를 생각하는 것이다.

C. 생명을 살리는 구원 사역을 주도하는 하나님

생명 건지는 일은 하나님의 최우선적 사역이다. 시간이 무심코 흘러도 어떤 사건, 일 가운데 거기서 늘 에덴서 타락된 인생을 살리는 구원사역을 절대적으로 이끌어 가신 것이다. 이런 개념으로 생각한다면 구속사적 관점 하에서 성경해석은 올바로 행해질 수 있다.

D. 18세기에 '고등성경비평'(higher criticism)에[198] 대항하여 보수주의가 출현하게 되었다.

D.1 '고등성경비평'은 성경의 본문 사상과 거리가 있다. 부분적 사상이 전체적인 진리를 대변할 수 없다.

D.2 특수계층 적용-전체 대중 상대가 아니라 진보 및 자유주의 사상의 신학배경을 지닌 자들의 성경해석 방법이다.

D.3 따라서 고등성경비평은 하나님의 온전하고 절대적 진리의 구원계획을 설명한 것이 아니라고 분명하게 말할 수 있다.

---

198) 고등성경해석(higher criticism) 혹은 고등비평이란 기독교의 전통적 성서해석 방법인 역사적 성경해석에 포함되는 근대의 성경 해석 방법 중의 하나이다. 이는 16세기 종교개혁 시기에 활용하였던 역사 문법적 성경해석에서 발전한 형태로 '텍스트 뒤에 있는 세계'를 이해하기 위해 고대 텍스트의 기원을 조사하는 비평학이다. 자료비평, 양식비평, 편집비평, 전승비평[1] 이다. 본서에서는 공등성경비평의 성경해석 방법을 지지하는 것이 아닌, 그방법을 비평하는 입장이며, 오로지 개혁주의 성경해석 방법에 몰두하기를 바란다.

2. 구속사적 성경해석학의 원리
(Principle of Redemptive Interpretation of the Bible)

일반적 성경해석과 구속사적 성경해석이 크게 다른 것은 없다. 다만 방법론에 있어서 구속사적인 포커스를 맞춰 가하면 된다. 몇 가지 보편적인 원리 위에서 하나님께서 주도하신 역사적 사실을 근본 원리로 하여 개념이 확립되고 그 위에서 해석이 시작될 수 있다. 또 예수 그리스도가 중심된 방법이 나오고 하나님의 뜻과 구원역사의 저의가 무엇인가를 알아가는 것이다.

A. 역사성 위에서 성경 해석이 이뤄져야 한다
(Historical Interpretation of the Bible)

이스라엘 백성이 하나님과의 계약관계에서 특수한 경험은 유일한 것이다. 특별한 민족으로서 걸어왔던 길이 역사를 형성하고 있다. 실제적인 시공간 위에서 사건과 삶 속에 발생된 일이 하나님의 나타나심과 간섭하심이었다. 이에 그들이 경험한 역사적인 사실들이 성경해석의 자료와 근거가 되는 것이다.[199]

지금 믿는 성경은 하나님의 신(神)의 감동을 입어 유기적으로 기록된 계시성에 입각하여 믿는 역사성 위에 둔다. 불변하시는 하나님, 구약 역사 속에 기적을 발생하신 하나님이시라면, 오늘도 동일하게 역사하는 하나님으로 믿는 사상에서 출발하는 것이다.

---

199) H. M. 오만, 구속사적 성경해석, 부산: 고려 칼빈신학대학교 세미나, p.16.

B. 예수 그리스도의 중심 사상으로 해석한다

(Jesus Christ's Thoughts and Interpretation of the Bible)

성경의 '통 주제'(Whole topic)는 사실상 '예수 그리스도'이다. 구약은 오실 예수를 증거하고 있다면, 신약은 오신 예수를 증거하고 있다. 예수 그리스도는 삼위 하나님, 성자 예수로서 세상 창조와 보존 그리고 섭리(providence and management)를 손수 해오셨다. 예수 그리스도 께서 인간의 구속에 대한 성취를 위해 이 땅에 성육신(incarnation)하므로 인류가 살길을 찾게 된 것이다. 여기서 성육신은 일반적인 첫째 의미는 '육체화한 것'이며, 둘째 의미는 '육체를 부여함'을 의마하는데, 이는 성경적인 진리에 대하여 기독교에서는 아예 교리적으로 못 박고 있다.200)

예수 그리스도의 대속(代贖)은 계시의 정점(頂點)이다. 계시는 하나님이 인간에게 주신 것으로서 어차피 우리가 삼위 하나님의 관계 안에서 그 계시를 해석하고 진리를 파악해야 한다. 그러므로 예수 그리스도를 '나의 주님, 나의 구원의 주님!'으로 인정하고 그분과 나와 관계 속에서 이 신앙을 고백해야만 죽을 생명에서 영원한 생명으로 바뀐다. 현재 교회 공동체에 소속한 주의 백성들은 이 과정을 거친 사람들이라고 본다.

예수 그리스도를 통해서 만이 인간들은 하나님의 축복을 받는다. 하나님과 연결되는 근본적 고리형태가 예수 그리스도이시다. 예수를

---

200) 인간화는 사람의 구조는 물론, 그에 따른 모든 사람의 조건들을 구체화한 모양, 구체화를 실현해 놓은 것을 말한다. 더 나아가서 사람의 성질, 관념 등을 구체화한 것으로서의 사람[사물], 화신을 말하고 있다.

중심으로 행해지는 성경해석 방법이 구속사적 해석방법으로 중요한 틀이 되는 것이다.

C. 하나님의 뜻을 풀기 위해 성경을 해석한다
(Interpretation of the Bible for God's will)

여기서 하나님의 뜻이란? 궁극적으로 그의 구속역사에 초점(focus)을 맞추는 것으로서 본문(Text)이 구속역사를 운영하기 위한 하나님의 입장을 충분히 반영하는 것을 말한다. 인간의 윤리, 도덕, 풍부한 삶을 위한 초점으로 해석도 가능해지겠지만, 본문(Text)이라는 계시(말씀)를 하나님께서 우리 인간에게 주신 것은 우리 인간을 살리기 위한 궁극적인 하나님의 원대한 뜻이 내포되어 있다. 바로 이러한 구속적 관점으로 계시(말씀)를 해석하며 진리의 교훈을 찾아 삶에 적용하는 것이다.[201]

D. 하나님의 계시로 성경을 해석한다
(Interpretation of the Bible by The Revelation)

철저하게 말씀 중심에서 떠나지 않는 해석방법으로서 텍스트에서 하나님께서 뭐라고 말씀하시는가를 주의 깊게 살펴 그 진리를 찾는 것이다. 즉 계시 자체에서 해석하여 진수(眞髓)를 찾는 것으로서 계시가

---

[201] 오스카 쿨만 (Oscar Cullmann, 1902년 2월 25일, 1999년 1월 16일)은 루터교 전통의 개신교 신학자였다. 루터교와 로마 가톨릭의 전통 사이에서 대화를 성립시키는데 공헌했다. 그의 바젤 (Basel)의 동료 칼 바르트(Karl Barth)는 "세 명의 교황에 대한 자문자라고 그의 묘비가 새겨질 것이라고 농담을 하였다. 그의 신학에서 가장 유명한 공헌은 '이미'와 '아직 아니'라는 종말론의 새로운 주장은 실현된 종말론을 주장한 C.H. 다드와 철저한 종말론을 주장한 슈바이처의 종말사관에 반대하면서도 바르트나 불트만의 견해에도 반대한 획기적인 발상으로 인정받는다. 그는 구속사 신학을 주장하였다. 그의 많은 저서중, 'The Christology of the New Testament'가 있다. .https://ko.wikipedia.org/wiki/.

스스로 해석하게 하는 것이다. 여기는 일반적인 성경해석의 도구들이 동원될 수 있다. 문자적 해석, 역사적 해석, 문법적 해석, 영적 상징적 해석방법 등이 있다.

iii. 구속사적 성경해석 실제
(The Redemptive Interpretation of the Bible Realistically)

1. 해석의 방법(Method)

A. 역사적 해석 방법
(Historical Interpretation of the Bible)

'구속사적 해석방법'은 이미 3장에서 그 개념적인 부분, 구체적인 연구 방법, 구속사 연구의 툴, 구속사 성경해석 후의 이해 그리고 구속사 모형론의 8중적 교훈 등을 다룬 바 있다. 본 코스에서는 1단계에서부터 5단계의 방법을 설정하여 본문을 해석하게 하면서 그 본문이 내포하고 있는 역사성을 증명하고 시간과 공간 속에 발생한 사건마다 하나님 구속의 진리를 터득해 가야 하는 것을 말한다.

A.1 본문: 창세기 37장-39장[202]
본문 안에 등장하는 성경의 인물은 요셉이다. 그는 창세기 37장에서 활동하는 것으로 드러나는 것 같이 전체적으로 다른 각도의 생활환경까지 그와 함께 시작되었음을 말하고 있다. 이미 언급한 바와 같이 요셉이라는 인물의 등장은 하나님의 구속사에 대하여 가장 첨예하게 교훈해 주고 있다.

---

202) 본문은 Chapter-3, '성경신학적 해석방법'을 참고하면, 본 코스에 대한 이해가 빠를 것이다. 3장은 구속사 성경해석방법론으로서 자세하게 다뤘다.

A.2 본문의 분류: 5단계

1 단계 : 인간의 분리

인간의 질투와 시기는 요셉의 형들에게서 발생한다. 그들로 인하여 요셉의 생활은 단 순간에 바뀌게 된다. 하나님의 구속사 관점에 보면, 요셉을 야곱의 안락한 품 안에서 분리해야 하는 단호함을 발견하게 된다. 이미 요셉은 야곱의 사랑을 독차지할 정도로 그의 인성(personality)은 하나님의 구속사를 이어갈 수준의 상태로 형성되었다. 그리고 다음 단계의 요셉에 대한 하나님의 훈련은 가족의 안락한 품에서 완전히 떨어져 나가게 하는 것이다.

2 단계 : 야곱의 가문 스토리 등장

요셉은 형들에게 가차 없이 제거당하게 된다. 전혀 예상치 못한 일이다. 인간적으로 자신을 돌아볼 때, 이렇게 심란하고 비정한 순간이 어디있을까?를 생각할 수밖에 없다. 그러나 그 순간부터 하나님이 직접 그를 챙기는 일들이 노골적으로 여기저기서 벌어진다. 하나님께서 요셉과 함께 하는 사실들이 매우 감동을 준다. 생전에 한 번도 대면하지 않았던 주인과 인간적인 관계를 맺게 된다. 거기서 요셉의 신뢰성과 순결성이 부각 된다.

3 단계 : 하나님께서 요셉과 동행

보디발은 이방인이지만 대단한 식별력을 지니고 있었다. 요셉의 인격적인 됨됨이를 잘 간파하여 그를 등용시킨다. 그리고 그에게 적당한 대우를 했다. 보디발 자신의 가정을 요셉이 잘 관리해 갔다. 요셉도 형통했고 보디발 가문도 형통했다. 요셉은 거기서 평안함으로 구속적인 목적을 이루는 듯 했으나 하나님은 그를 보디발의 가정에 제한하지 않고 더 큰 역사의 무대로 내보내기로 작정하고 계심을 여실히 보여주고 계신다.

| 4 단계 : 요셉의 추락

요셉은 준수하고 호남형답게 생각하고 외모에서 지혜롭고, 청명한 행동을 하므로 주위 사람들에게 대단한 호감을 주었다. 한편 보디발의 부인은 부끄러움 모르는 여자였다. 어느 날 요셉에게 다가와 그녀가 제안한 일은 노골적이고 추한 유혹이었다. 요셉은 단호했다. "주인이 모든 제반일 내게 금한 것이 없으나 오직 당신만 금했으니 어찌 하나님 앞에 큰 악을 행하여 득죄하리이까?"

요셉의 단호함에서 그의 신앙 사상은 구속사의 섭리 사상에 굳게 매여 있음을 간파하게 해주고 있다. 그럴수록 요셉은 자신의 현재 위치에서 사정없이 추락하는 비정함을 맛보게 된다.

| 5 단계 : 보디발의 선택

자기 아내의 비행을 그가 모를 리 없었다. 자기 집의 종, 요셉의 성실과 정직성을 익히 알고 있었다. 그러나 아내를 벌하고 요셉을 감쌀 수는 없다. 이 일이 공개되고 세상에 노출될 때, 자신의 가정에 닥칠 불행을 고려하여 충성스런 요셉을 버리는 선택을 한다. 도대체 보디발의 마음을 누가 주도할까? 두말할 것도 없이 하나님이 이방인인 그의 마음까지 간접적으로 주도하시는데, 어쩌면 요셉을 우리가 상상도 못하는 큰 무대에 올리기 의해서 새롭게 훈련하기 위한 조치임은 분명했다.

A.3 진리와 교훈-구속사적 관점에서

요셉을 통한 하나님의 목적은 분명했다. 인간의 시각으로 보기엔 이런 사건은 우연 같지만 결코 우연이 아니다. 궁극적으로 하나님께서 자신의 목적을 이뤄가기 위해 요셉을 방치한 것 같이 보이는 것처럼, 일시적으로 그렇게 한 것이다. 요셉을 야곱 밑에 두어 아들의 역할만 감당한다면 그는 더 이상 이스라엘의 구속을 위한 쓰임을 받아야 할 하나님의 크고 이상적인 그릇이 되지 못하는 것은 당연하기 때문이었다.

즉 하나님께서 이스라엘이라는 변경 국가에서 머물러 별 볼 일 없는 요셉으로 그냥 방치하지 않으시고 세상을 구속하기 위해 그를 불러 사용하기를 원하셨다. 그런 이유로 구속사적으로, 온전한 도구로 사용하시기 위해 당시 문명국이며 세계 중심국인 애굽으로 보내서 요셉으로 하여금 고난과 연단 등으로 그를 많은 사람을 위한 도구로 만들어 사용하기 위하여 친히 간섭하여 섭리하신 것을 우리는 구속사적 관점에서 여실히 볼 수 있게 하셨다.

요셉의 구속사적인 믿음이었다. 요셉은 하나님 구속사의 큰 그림을 인지하고 있던 인물이었다. 자신에 대한 하나님의 섭리와 경륜을 훤히 읽고 있었다.

> "나를 이리로 보낸 것은 당신들이 아니라, 하나님이 나로 바로의 아버지로 삼으며 그도 집의 주를 삼으시며 온 땅에 치리자를 삼으시나이다"(창45:7).

요셉은 하나님의 구속의 큰 그림을 볼 줄 아는 사람이었다. 형들에게 목숨까지 위협을 당한 요셉은 오랜 세월 후에 그들을 최고 권력으로 대면한 자리에서 얼마든지 복수할 수 있었다. 그러나 하나님의 구속적 섭리 하나로 모든 것을 묻어버리고 그들을 용서하는 요셉이

었다. 여기서 요셉이 폭넓은 아량(雅量)을 베푸는 그것은 그의 구속
적인 믿음의 근본에서 배출되었다.

A.4 적용-부분적
(적용면은 독자 개별적으로 혹은 그룹별 토의로
채울 수 있다)

B. 예수 그리스도 중심 사상 해석방법
(Centrical Jesus Christ's Interpretation of the Bible)

B.1 그리스도 중심
모든 성경의 해석 시도는 예수 그리스도의 중심적 사상에서 시도되
어야 한다. 사실, 구약은 오실 예수를 예언했으며, 신약은 오신 예수
를 말하지 않는가? 예수 그리스도는 누구 보다도 유능한 성경 해석
자이신 것은 아무도 부인할 수 없을 것이다. 예수님 만이 성부 하나
님을 가장 잘 아는 유일하신 분이시기 때문이다. 예수님이 해석한
하나님 말씀들은 더 밝게 해석되고 강조되는 계시이기도 하다. 그러
므로 예수 그리스도를 중심한 성경해석은 당연한 이치다.

"본래 하나님을 본 사람이 없으되 아버지 품속에 있는 독생하신 하나님이
나타내셨느니라"(요1:18).

B.2 예수 그리스도 권위적 해석
예수 그리스도께서 성경해석을 가(加)하실 때 구약의 성경 말씀을
인용하셨으며, 예수님께서 성경을 가르치기 위해 행하신 성경해석은

권위적이었다. 예수님의 해석방법은 그 이상 그 어떤 해석방법이 견줄 수 없다.

> "예수께서 이르시되 너희가 성경도 하나님의 능력도 알지 못하므로 오해함이 아니냐"(막12:24).

B.3 예수 그리스도의 교훈적 해석

예수 그리스도는 구약 성경 말씀의 권위를 의심치 않고 인용하셨다. 또한 자신에게도 구약의 성경 말씀을 적용하시는 사역을 행하셨다. 이것은 구약의 말씀을 먼저 자신에게 적용하시므로 하나님 말씀에 대한 모범을 손수 보인 사례이다. 그 결과 유대 지도자들에게 예수님에 대한 약점을 최대한 커버하게 된 결과를 낳았다.

C. 하나님 뜻에 중심한 해석방법
(Interpretation of the Bible by God's will)

B.1 하나님의 뜻의 개념

하나님의 뜻(God's will)은 신학적인 용어로서 하나님이 인간을 향한 계획을 갖고 있다는 개념이다. 하나님의 뜻을 이해한다는 것은 기독교 신학에서 매우 중요한 요소이기도 하다.[203] 하나님께서 뜻하신 바를 말하며, 하나님의 거룩하고 선하신 목적을 가지고 있으며, 하나님의 계획과 섭리(스7:18; 막3:35; 눅7:30; 롬8:27)를 가리킨다.

---

203). Leslie D. Weatherhead, The Will of God, Abington Press, Nashville, 1990. ISBN 0-687-45601-0

B.2 성경 계시를 이용한 해석방법

하나님은 성경의 계시를 통해 자신의 뜻하신 바를 우리 인간에게 알리는 기능을 이용하고 있다(딤후3:15-17). 그리고 하나님의 백성은 하나님의 뜻을 좇아 살며 그 뜻에 순종해야 한다(시119:97-112). 그러므로 성경의 계시 기능으로서 하나님 구속이 중요한 방편을 차지하고 있다. 계시의 기능은 단순히 그가 말씀하는 것 이상으로 하나님의 구속역사를 간파해야 하는 지혜가 요구된다.

> "예수께서 가라사대 네 마음을 다하고 목숨을 다하고 뜻을 다하여 주 너의 하나님을 사랑하라 하셨으니 이것이 크고 첫째 되는 계명이요 둘째는 그와 같으니 네 이웃을 네 몸과 같이 사랑하라 하셨으니"(마 22:37~39).

B.3 하나님 뜻에 중심한 말씀해석 요구

하나님의 뜻은 세 가지로 분류가 되고 있다. 의도적, 환경적, 궁극적이 그것이다. 하나님은 백성들이 그의 안내를 따르고 바른 일을 하도록 의도하시며, 하나님은 물리와 화학의 법칙을 제정하시며 그리고 그런 삶과 환경을 통해 하나님께서는 그 뜻을 깨달아 알아가기를 원하신다. 그러므로 인간은 육적인 것보다 영적인 조건들을 깨닫는 것이 더 중요하다는 것이다(마12:50). 말씀에 깃들어 있는 하나님의 뜻에 중심한 해석 방법을 시도해야 한다.

D. 계시에 의한 해석방법
(Interpretation of the Bible by The Revelation)

말씀 자체가 해석하는 방법으로 시도하는 것이다. 본문(Text)에 등장하는 각 인물은 구속사적 사건의 중심인물이다. 본 해석에서 인물을 조명한다. 하나님 말씀인 계시로서 그들을 어떻게 등장시키고 있는 가를 연구해야 한다.

D.1 본 문

(창세기 25장)-아브라함, 엘리에셀, 이삭, 리브가 등장하는 4인 에 대한 '톨레토스'(생산, 세대, 자손, 등으로 번역)

_아브라함-창세기 12장에서 하나님의 부름을 받은 이방인이었 던 그에게 하나님의 약속이 주어진다. 하나님의 약속의 소지자(所持者) 로 등장한다.

_엘리에셀-아브라함 종의 신분, 아브라함 약속에 대한 수종자(隨 從者)로 등장한다.

_리브가-이삭의 신부로서 가나안인도 아니요, 아모리인도 아니 다. 아브라함 친척이다. 라반 가문의 딸이다. 왜 아브라함 친척이 이 삭의 신부로 적합할까? 영적인 면에서 모든 것을 더 찾을 수 있다.

D.2 진리와 교훈

_하나님과 친근한 족속

아브라함 시대에 가나안 백성은 반신적(反神的), 부도덕(不道德)한 사람들로서 하나님의 권위에 대항하거나 그의 계시를 무시하는 족속 이었다. 거기에 비해 아브라함 친척들이 이방 족속보다 더 신앙적으 로 하나님께 가까운 사람들이었기 때문에 이웃한 가나안 족속보다는 멀리 떨어져 있지만 친척 중에서 아들의 배필을 택하기로 한 것이 다. 이들은 하나님 계시의 말씀을 더 잘 지키거나 권위에 순종하는 사람들이었다.

_리브가 같은 신부의 필요성

이삭에게 왜 리브가 같은 신부가 필요했을까? 아브라함의 구속적 역사, 하나님이 아브라함에게 줄 땅에 가라고 명령한 코스대로 갔으며, 그 땅에서 진행될 앞날이 그 아들 이삭을 통해 계속되었다. 이삭을 통해 구속사가 활발하게 진행되어야 하기 때문이다.

_종, 엘리에셀

주인 아브라함을 믿는 하나님의 섭리를 믿는 신앙의 사람이었다. 종의 역할은 이삭의 신부를 선택하는 과정에서 하나님의 섭리를 면밀히 살피면서 종의 역할을 다해야 했다.

_리브가

그녀는 한 가문의 딸로서 사치하거나 쓸데없이 소일하며 무의미하게 시간을 보내지는 않았다. 일상생활 속에서 일하는 여성으로서 기준을 세우고 규모 있게 삶을 나름대로 가꾸어 갔다. 그런 여인을 발견하여 선택한 것이다.

D.3 적용

동행-항상 하나님과 동행하는 여정을 살아가면서 그와 가깝게 한다.
권위-순종을 말씀의 근간에서 찾고, 영적 권위 영향력으로 순종하게 한다.
대상-가까운 대상중 하나님을 즐겨 사랑하는 주변인에서 선택한다.
진보-가문의 계보를 통해 구속사가 믿음의 진보로 나타나게 한다.
섭리-하나님의 섭리를 면밀히 살피면서 종의 역할을 다해야 한다.
일상-그리스도인으로서 일상 속에서 기준을 정하고 규모 있게 삶을 산다.

(이 외의 주제, 구속사적 교훈의 진수(珍羞)를
그룹별로 토의하며 적용할 수도 있다
/It's Can application of group discussion of
Redemptional[204] lessons).

---

204) 구속(救贖), 예수가 십자가의 보혈(寶血)로 인류의 죄를 대신 씻어 구원한 일. 대속(代贖).

- 박윤선 : '붉은 줄'은 예수 그리스도로 말미암는 속죄피를 예표하고 있다. 이같이 주장했던 교부와 학자는, 클레멘스, 저스틴, 오리겐, 말틴 루터 등이다

제18장

성경해석 원리_여덟 번째

중세 4중적 해석 의미

Bible Interpretation Principles-7

i. 서유럽에서의 중세 해석학

서방교회의 영역(領域)에서 중세 이전부터 오리겐(Origen, 185년경-253년경)은 초대교회의 알렉산드리아 학파를 대표하는 기독교의 교부이다. 성경해석학 역사에서 조명해 보면, 오리겐에 의해 알레고리 성경해석인 3중적 의미의 해석이 시도되었다고 기록하고 있다.

그 후에 3중적 의미의 성경해석은 4중적 의미의 해석으로 발전되었다. 실제로 성경을 텍스트로 중심하지 않는 역사적 성경해석, 4중적 의미를 둔 성경해석은 본문의 교훈과 저자의 의도를 밝히는 데 빗나가고 말았다. 따라서 이 해석의 작업은 성경 본문 자체가 교훈하고자 하는 것을 바르게 전달하지 못한 해석이었다고 말할 수 있다.

성경 해석자의 권위가 부여됨

4중적 의미의 해석(The Four Senses of Scriptural Interpretation)은 알레고리 성경해석의 방법론 중 하나이다. 또 알레고리적인 성경해석은 성경 본문 의미를 찾는 권위보다 해석자의 권위에 더 중요성을 부여하는 해석방법이라고 할 수 있다. 그러므로 교황의 권위를 근거로 하는 성경해석과 교리를 강화하기 위해 사용되었던 알레고리 성경해석을 중시하던 중세의 성경해석은 본서의 개혁주의적 성경해석의 견해와는 상반된 것이라고 할 수 있다.

즉 본서는 성경해석의 입장에서 기독교 정통적인 입장을 견지하고 종교개혁적인 사상을 그대로 이어받으면서 성경해석학을 이어가는 것을 원칙으로 하는 것이다. 나아가서 알레고리적인 성경해석 방법이나 다른 원리나 방법을 고수하지 않는 것이다. 그리고 기독교 정통적 성경해석을 통해서 성경의 교훈을 찾는데 권위를 부여하는 것이다.

서방교회에서는 알레고리 성경해석의 권위로 당시의 신학 사상과 교리를 주도해 갔다. 교회 공식 문건과 교황, 유명 교회학자의 알레고리 해석의 내용을 중시하는 자세로 성경해석을 해 나갔다.

ii. 중세시대 4중적 성경해석 의미

〈Table-22〉	중세, 성경해석 4중적 의미[205]
주 제	의미 설명
1. 역사적 의미 혹은 문자적 의미 (sensus historicus or literalis)	해석할 단어들을 있는 그대로 역사적 의미 혹은 문자적 의미로 해석하는 작업을 말한다
2. 교훈적인 의미 (senus tropologicus)	해석 대상의 본문을 교훈과 도덕적 의미를 찾는 해석 작업을 말한다
3. 풍유적인 의미 (sensus allegoricus)	해석할 말씀에 대하여 문자적 의미를 찾으면서 그 이상의 다른 부가적인 의미를 찾는 해석작업을 말한다 (알레고리적 해석 원리)
4. 영적 의미 (sesus anagoricus)	해석할 본문, 단어를 신비적으로 혹은 공적으로 사용되는데, 듣는 자의 마음이 하늘의 것들을 묵상함으로써 감동받고 훈계를 받는 것

*4중적 의미의 실제 : 4중적 의미 방법-'예루살렘' 해석함.[206]
　문자적(literal)으로는 팔레스타인의 문자적 도시이며,
　교훈적(tropological) 의미로는 인간의 영혼을 언급하며,
　풍유적(allegorical) 의미로는 교회를 의미하며,
　영적(anagogical)인 의미로는 하늘의 도성을 말한다

*동일 방법의 다른 단어 경우 : '하와'는 '교회'를,
　'노아의 방주'는 '십자가'를 상징하기도 한다[207]

---

205) https://ko.wikipedia.org/wiki/
206) Harry Caplan, "The Four Senses of Scriptural Interpretation and the Medieval Theory of Preaching," Speculum 4, 1929, p. 283.

1. 성경해석 4중적 의미의 발전

4중적인 의미를 염두에 두면서 시도하던 성경해석 작업은 중세시대까지 보통적으로 시행에 옮기던 성경해석방법이었다. 성경해석에 있어서 4가지 의미를 찾기 위해 탐색하는 것이다. 이 해석방법에 함유된 알레고리 성경해석방법은 유대 역사가로서 신학자요 철학자였던 필로(A.D.15~45)에 의해 시작되었다.

이 영향으로 4중적 의미의 방법을 발전시켰던 동방교부 오리겐(오리게네스)이 필로의 영향을 받았으며, 처음엔 3중적 의미의 성경해석이 시도되었는데 나중은 4중적 의미의 성경해석으로 발전하면서 전달되었다.208) 후에 영적 의미(sesus anagoricus)를 추가하여 4중적 의미의 해석으로 되었다.

2. 성경

4중적 해석법을 도입할 경우, 이 문서에서 지적되는 성경에 관한 논란을 둘러싼 상당한 문제들이 밝혀지는 것이 사실이다. 물론 비기독교 입장은 '기독교 입맛에 맞춘 성경 해석방법이 아니냐?'는 합당한 비판이 제기될 수 있다는 것이다.

일단 문제는 이러한 사중적 해석법을 성경에 체계적이고 주체적으로 적용하는 기준이 전체 기독교 교계에 정립되어 있지 않은 것을 확인할 수가 있다. 이에 대하여 대체 성경의 어느 부분까지를 역사적으

---

207) 같은 책, Harry Caplan, p. 291.
208) https://search.naver.com/search.naver?

로 보며, 어느 부분까지를 교훈적 의미로, 또 어느 부분까지를 풍유적 의미 및 영적 의미로 보아야 할까? 그 기준이 사실상 정립되지 못한 점이 큰 문제라고 지적할 수 있다.

3. '공교회'는 일괄적으로 해석기준이 있긴 하다

세계 그리스도교(기독교)의 50~60%를 차지하는 가톨릭, 정교회 등의 보편교회는 거룩한 공교회(sancta ecclesia catholica)의 해석이 그 기준이라서 성서해석 방법에 있어서 통일되어 있으므로 일관된 견해를 유지할 수 있다고 볼 수 있다. 보편교회(로마 가톨릭)에서는 성경의 해석에 관해서는 공교회[209]가 독점적으로 그 권한을 가지고 있다고 본다. 그러므로 일개 사제나 신부, 신학자, 평신도가 자유로운 성서해석을 허용하지 않는다. 따라서 가톨릭에는 교황청이나 주교회의가 아닌 개인 및 사조직이 편찬한 주석성경이 거의 없고, 있다고 하더라도 가톨릭 교회의 검열을 통과한 것이거나 가톨릭, 정교회, 일부 진보적 개신교가 아울러서 편찬한 에큐메니컬 주석 성경일 뿐이다.

하지만, 개신교의 경우는 현재 지구상에 개신교 종파의 수는 대략 무려 2만여 개에 달한다고 한다. 수많은 교파가 존재하고 있는데, 또한 각 교파(종파)마다 저마다 옳다고 내세우는 성경해석법은 당연하게도 한둘이 아니다. 이들이 말하는 '거룩한 공교회'의 해석은 대체 이 2만여 개의 종파의 교회 중 어느 공교회의 해석을 말하는 것

---

209) 공-교회(公敎會). '가톨릭 교회'를 달리 이르는 말.

인가?를 묻지 않을 수 없다. 세계 단위의 기독교 연합체인 WCC나 WEA에서는 각 기독교 종파를 아우르는 성경의 4중적 해석의 기준을 제시하는 역할을 하고 있지 않다. 국내외 어떤 기독교 연합체나 어떤 공의회라도 각 교파(종파)를 막론하고 적용할 수 있는 성경해석의 4중적 해석법의 기준을 제시한 적은 없다는 것이다.

iii. 성경해석 4중적 해석법 기준 적용의 문제

1. 신학 사상에 따른 다른 해석 시도

국내 기독교 메이저 교단 중 가장 보수적인 교단인 예수교 장로회(합동, 고신 대신 등)와 가장 진보적이라는 기독교 장로회 혹은 타 교단(진보적 타 교단 감신 등)에서는 성경해석에 있어 차이가 많은 편이 사실이다.

A. 성경 모오설을 주장하는 성경해석

특히 예수교장로회 쪽에서는 위에서 언급된 문자적 해석을 주로 하며 성경무오설을 주장하고 있다. 그래서 '예장'의 경우 복음서에 나오는 예수의 교훈 상당수를 개인 구원에 초점을 맞추어 해석하는 것이 특징이다.

B. 성서비평학적으로 시도하는 성경해석

기독교(개신교 정통교단) 장로회 쪽에서는 성서 비평을 통한 해석을 위주로 문자 그대로의 해석은 사용하지 않는 실정이다.[210] 그래서

'기장'의 경우에는 사회 구원과 연결 지어 해석하며 여러 사회 운동과 접목시키는 경우가 많다. 특히 보수 쪽인 예장 쪽에서는 기장의 이러한 성경해석에 대해 좌파적(진보적)이라는 평가를 하며, 심하다면 성경 중심의 해석 라인을 넘어서는 언급도 심심찮게 하면서 이에 대한 해석에 대해 우려하는 반응을 보이는 것이 현실적인 상황이다. 이러한 개신교 교파 간의 차이를 기독교 연합체에서 통합하여 공통된 성경 해석의 기준을 제시할 수 있다는 주장부터가 교리적으로 불가능한 주장에 가깝다.

C. 가톨릭과 장로교의 서로 다른 성경해속

여기서는 장로교 측은 보수 및 진보교단-감신 침신 등 타교단 포함하는 것을 말하고 있다. 개신교 내 종파 간의 문제뿐만 아니다. 가톨릭과 개신교계의 성경에 대한 해석도 여러 부분에서 차이가 있다. 이를테면 구약 인물들의 영(靈)이 지하로 내려갔다는 구절에 대하여 가톨릭에서는 이를 연옥 교리에 대한 근거로 해석하지만, 장로교(개신교) 등에서는 이 해석을 전면 부정하며 연옥의 존재 자체까지 교리적으로 인정하지 않는다.[211]

또한 복음서의 내용 중에 예수가 베드로에게 천국의 열쇠를 맡기는 구절에 대해서도 각 교단 측에서 서로 입장이 다르다는 것이다.

로마 가톨릭에서는 이 구절을 베드로에 대한 교황권과 로마 교회의 수위권을 부여한 것으로 해석하고 있으며, 로마 가톨릭에서 그에 대한 해석의 권위를 부여하거나 인정하고 있다.

---

210) https://ko.wikipedia.org/wiki/
211) 같은 책, p.134.

그러나 이에관한 해석에 있어서 역시 개신교에서는 전면 부정하고 있다. 물론 교회 일치운동이니 연합운동 등이 현대에 활발히 일어나는 점도 무시해선 안 되지만, 교단이나 교계끼리의 교리적인 소통은 지지부진한 것이 사실이다.[212]

한편, 가톨릭과 일부 개신교와 종파를 아우르는 초교파적인 성경의 4중적 해석법에 대한 기준안이 적용하려고 하면서 성경의 상당수 논란이 해결되었다고 한다. 그렇지만 여전히 역법/숫자 상의 상충 및 상호 모순되고 이질적(異質的)인 현상이 일어나는 부분이 많은 것이 사실이다.

애당초 야훼의 뜻과 개입으로 쓰여졌다는 성경이 집필되고 필사되던 시점에서조차 그러한 오류들이 산재했던 것이 현실인데, 몇천 년이 지난 오늘날의 시점에서야, 기준을 세운다고 하면서 해석해 봐야 해석 과정에서 오류가 발생하지 않을래야 않을 수가 없다는 것을 말하고 싶다. 게다가 성경은 다 사람이 필사(카피)를 하고, 거기다 원본의 상실 및 소실된 부분도 약간씩 있으므로 더 특정한 해석을 하기가 애매한 요소가 없지 않다고 본다.

D. 성경 원본의 필사 모순점을 4중 해석법으로 해결할 수 없다

간단한 예로, 신약 성경에 산재하는 모순과 사본들 사이의 이질적 문제는 4중적 해석법으로 어떻게 할 수 있는 것이 아니다. 복음서만 해도 세월이 흐름에 따라 그리스도교인들이 내용을 서너 번, 혹은 그 이상 원래의 내용을 임의로 바꾸었다고 볼수 밖에 없다. 이외에

---

212) https://namu.wiki/w/성경/논란

도 교단이나 교파 간의 갈등, 신학자 개인의 신학적 사상 문제 등 여러 가지 이유에 의해 내용에 수정이 가해졌기 때문이다.

신약성경의 필사자의 부주의나, 오탈자 등의 문제로 인해 생기는 오류와 모순들과 이질적인 문제들은 4중적 해석법으로 해결이 되지 않는다는 것을 깨달아야 할 것이다.

iv. 토마스 아퀴나스 성서해석법

1. 절대적 경전의 권위 부여함

여기서 토마스 아퀴나스(Thomas Aquinas, 1224(1225)년-1274년)의 성서해석법을 소개하는 것은 로마 가톨릭에서 그의 신학사상을 절대 신봉(信奉)하는 해석법이라서 참고로 소개해 보는 것이다. 예로서 토마스 아퀴나스가 저술한 '신학 대전'(Summa theologica)[213]은 로마 가톨릭에서는 성경 다음으로 절대적인 경전으로서 권위를 부여하면서 사용하고 있다.
즉 그들의 교회와 조직을 운영하는데 신학적인 사상과 교리의 근간으로 하고 있다. '신학 대전'은 로마 가톨릭의 힘으로 믿고 있다.

---

213) 본서인 '신학 대전'은 신학을 연구하는 목회자나 신학도, 혹은 평신도라 해도 가톨릭 교단에서는 그들이 신뢰하고 따르는 신학 대전을 참고로 알아두는 것이 효율적인 성경해석법을 연구하는 것이다. 애초에 신학대전은 처음부터 끝까지 정독해야 하는 책이 아니다. 오늘날의 백과사전이나 가톨릭 교리서처럼 필요한 부분을 그때그때 찾아서 읽는 책으로 기획된 것이다. 그리고 이 작은 부분들은 굉장히 간결한 언어로 저술되어 있기에 난해(難解)하지도 않다. 한국어 번역에서 한자어가 많은 것이 흠이지만, 그것만 잘 극복하면 되는 이치이다. 특히 토마스의 문제는 어거스틴(아우구스티누스)와는 달리 화려한 수사어구(修辭語句)를 생략하는 경향이 강하므로, 이 역시도 독해의 난이도를 낮춰주는 것이다. 다만 수사어구의 화려함을 포기한 덕에, 어거스틴의 문제보다는 멋이 덜하다고 한다.

2. 토마스 아퀴나스 핵심 성서 해석원리

다음 토마스 아퀴나스의 성서해석원리의 핵심 몇 가지를 소개하면 다음과 같다.

〈Table-23〉 토마스 아퀴나스 핵심 성서 해석원리

A 자의적(字義的, literal, 문자적) 의미

B 역사적(historical) 의미

C 영적(spiritual) 의미

D 우화적(allegorical) 의미

E 도덕적(moral) 의미=
전의적(轉義的, tropological)

F 비유, 교훈적(instructive) 의미

G 동천상적(Heavenly) 의미-신비적 의미[214]

토마스 아퀴나스[215] 성서해석법은 먼저 자의적(恣意的) 의미를 찾으면서 그에 따라 문자적 의미와 역사적 의미를 두고 찾는다. 또 영적의미에서는 우의적 의미, 도덕적 의미, 천상적인 의미를 찾는다. 그러나 원칙적인 성서해석 방법은 가톨릭에서는 인정하고 그에 대한

---

214) https://ko.wikipedia.org/wiki/
215) 1225년에 로마와 나폴리 사이의 로카세카(Roccasecca)에서 태어났으며, 1274년 3월 7일 교황령 (현 라치오주 라티나도) 프리베르노(Priverno)의 포사노바(Fossanova) 수도원에서 사망했다. 이탈리아 사람이지만 혈통적으로는 게르만계이다. 모계(母系)는 노르만이며, 부계(父系)도 노르만 혹은 랑고바르드이다. 물론 문화적으로는 확실하게 이탈리아 사람이며, 그중에서도 남부 이탈리아의 색체가 강하다. 강론은 나폴리어로 하였으며, 라틴어 저작들 역시도 말의 방식과 장단이 남부 이탈리아의 말투에서 나왔다.

권위를 최대한 부여하고 있다. 하지만 개신교 정통교단 등에서는 이를 인정하지 않고 있으며, 이에 관한 해석원리는 아예 관심조차 없는 것이 사실이다.

3. '신학 대전'의 방대한 분량이 독서를 가로막는다

토마스 아퀴나스 본인의 설명에 의하면, 이 책은 입문자용이라고 하는데, 황당할 정도로 방대한 분량과 철학적 사유 때문에 현대인 입장에서는 거의 값진 저술로 느끼지 못하는 경향이 있다고 한다. 오죽하면 라틴어로 된 원전 전체를 통독하는 사람은 전공자가 아닌 이상에야 드물다고 한다. 수백 페이지나 되는 책이 무려 100권 분량으로 저술되었으며, '신학 대전'이므로, 교양 삼아 읽으려면, 이 책에 대한 '요약정리서'를 읽는 편이 빠르다. 내용 전부를 간명(簡明)한 논리로 정리한 분량만 한국어로 발행된 번역서가 600쪽이나 된다. 원전을 다 읽으려면 쉬지 않고 읽어도 몇 달이나 지나간 뒤에 책상에서 일어나게 될 정도라고 한다.

독서광이자 박사 학위를 토마스 아퀴나스 연구로 받았으며, 라틴어를 자유자재로 읽는 움베르토 에코도 그의 칼럼에서 "이런 책을 처음부터 끝까지 다 읽는 사람은 전문 연구자나 요약본을 만드는 사람들뿐이다"라고 말할 정도이다. 또 다른 칼럼에서 "토마스 아퀴나스의 책들을 읽으려면 몇 달은 족히 필요하다"라고 언급하고 있다.

BIBLIOGRAPHY

참 고 문 헌

포스트 기독교 시대를 위한 성경해석학

■ 참고문헌

■ 외국 서적

1. The Greek New Testament Third Edition(corrected), United Bible Societies, 1983.
2. John Murray, Collected Writings of John Murray,Vol.1, Edinburgh: The Banner of Truth Trust, 1976-1982.
3. Lightfoot, St. Paul's Epistle to the Galatians, 1982.
4. Goodspeed, The Formation of the New Testament, 2004.
5. J. D. Douglas, The New Bible Dictionary, Eerdman Pub. Co., 1972.
6. Louis Berkhof, Summary of Christian Doctrine, WM. B. Eerdmans Pub. Co., 1989.
7. Herman Ridderbos, Paul An Outline His Theology, (Korean Edition), 1985.
8. Athanasius, The Life of Anthony and The Letter to Marcellinus, in the Classics of Western Spirituality, trans. and intro. Robert C. Gregg, New York, Paulist, 1980.
9. Philip Schaff, Creeds of Christendom, New York, Charles Scribner's Sons, Vol. 3, 1890.
10. C. F. Keil & F. Delitzsch, Commentary on the Old Testament, 1959.
11. A. Wikenhauser, New Testament, Introduction, New York: Herder and Herder, 1963.
12. S. M. Baugh, A New Testament Greek Primer, P&R publishing Co., 1995.
13. Herman Bavinck, Gereformeerde, Dogmatiek, Uitgave van J. H. Kok Te Kampen, 1928.
14. Howard A. Snyder, Earth Currents : The Struggle for the World's Soul, Abingdon Press, 1995.

15. L. Goppelt, Theology of The New Testament, Grand Rapids, MI., 1981.

16. G. E. Ladd, A Theology of The New Testament, Grand Rapids, MI., 1974.

17. Wolfgang Sommer, Detlef Klahr, Kirchengeschichtliches Repetitorium, Neuendettel-sau, 1994.

18. Henry Bettenson, The Later Christian Fathers, Oxford New York, 1956.

19. Edward J. Young, Studies in Genesis One, Grand Rapids, Baker Book House, 1982.

20. Justo L. Gonzalez, The Story of Christianity Vol. 1. Harper Collins, New York, 1984.

21. A. M. Renwick, A. M. Harman, The Story of The Church, IVP, London, English, 1958.

22. B. S. Childs, Biblical Theology in Crisis, Philadelphia, 1970.

23. Reinhold Seeberg, Text-Book of the History of Doctrines, Baker Book House, Grand Rapids, 1952.

24. F. R. Montgomery Hitchcock, St. Augustine's Treatise on The City of God, Macmillian Company, New York, 1943.

25. William W. Klein, Craig L. Blomberg, Robert L. Hubbard, Introduction to Biblical Interpretation, Jr. Word, Inc., Nashville, 1993

26. Evangelical Dictionary of Theology, Baker Book House, 1965.

27. Ein Arbeitsbuch, Helmut Merkel-Bibelkunde des Neuen Testaments, Gutersloher Verlagshaus Gerd Mohn, 1978.

28. D. Guthrie, N.T. Introduction, Harper Collins, New York, 1984.

29. Dr. McKena, Handout for Lecture, The People of God, Azusa Campus, 1998.

30. Dr. Les Blank, Handout for Lecture, Transitions in Ministry,
    Azusa Campus, 1998.
31. Helmut Merkel, Bibelkunde des Neuen Testaments, Germany:
    Gutersloher Verlagshaus Gerd Mohn, 1978.
32. New Dictionary of Theology, IVP-USA, 1988.
33. Bernard Ram, Protestant BiBlical Interpretation(권혁봉 역),
    Grand Rapids: Baker Book House Co., 1989.

■ 국내 서적

34. 권성수, 성경해석학, 서울:총신대학출판부, 1991.
35. 박윤선, 성경 신학, 서울:영음사, 1978.
36. 박영희, 신약석의의 방법과 실제, 서울:총신학대학출판부, 1988.
37. 박형룡, 성경해석의 원리, 서울:도서출판 엠마오, 1991.
38. 배수영, 칼빈신학과 그의 후예들, 서울: 러빙터치, 2018.
39. 배수영, 어거스틴의 내면세계로의 여행, 서울: 예루살렘출판사,
    2002.
40. 서중석, 복음서 해석, 서울: 대한기독교서회, 1991.
41. 성경사전편찬위원회, 성경사전, 서울: 아가페출판사, 1991.
42. 안명준, '칼빈 해석학과 신학의 유산', 서울: CLC, 2009.
43. 이상근, 신약성서개론, 서울: 한국장로교출판부, 1999.
44. 이순한, 신약성서 헬라어 낱말분해사전, 한국기독교교육연구원,
    1974.
45. 이종윤, 신약 개론, 서울: 개혁주의신행협회, 1988.
46. 옥한흠, 제자훈련 인도자 지침서, 서울: 국제제자훈련원, 2002.
47. 정성구, Abraham Kuyper, His life and Theology, 경기: 킹덤북스,
    2010.

48. Peter S. Pae, 하나님의 구속사, 서울: 러빙터치, 2001.
49. Peter S. Pae, 뉴밀레니엄 피플을 위한 메시지, 서울: 예루살렘
    2001.
50. Peter S. Pae, 성경신학적-성경해석학, 서울: 도서출판러빙터치,
    2020.

▪ Site

https://ko.wikipedia.org/wiki/
Harry Caplan, "The Four Senses of Scriptural Interpretation and
    the Medieval Theory of Preaching," Speculum 4,
https://search.naver.com/search.naver?where=nexearch&sm=top
https://ko.wikipedia.org/wiki/
https://namu.wiki/w/

책 뒤에 다는 글

하나님의 사역 / 구속사 컬럼 / God's Ministry

5_1 하나님은 사역을 어떻게 진행하시는가?

5_2 사역 케이스 몇 가지는 다음과 같다

5_3 하나님은 백성을 구하는 데 최선을 쏟는다

5_4 하나님의 사역, 어디 그뿐인가?

5_5 사람에 최대 관심을 두고 계시로 주셨다

5_1 하나님은 사역을 어떻게 진행해 가시는가?

사람은 사람으로서 할 수 있는 일만큼만 한다. 하지만 하나님은 자신의 의도(意圖)한 일을 무제한적으로 시행할 뿐 아니라 꼼꼼히 챙기신다. 하나님은 한번 작정하신 일에 대해 어떤 상황에 이르러도, 아무리 오랜 시간이 흘렀어도, 결정적 시기에 작정한 그 일을 진행한 경우가 너무 많다.

> ■ 하나님은 사역을 어떻게 진행하시는가?/How do carry out God's ministry?
> '하나님께서는 당신의 예정된 사역을 치열하게 진행해 가신다'

5_2 그의 사역 케이스 몇 가지는 다음과 같다

그중에 특별한 케이스가 몇 가지가 된다. 하나님께서 저주한 땅으로부터 노아와 그의 가족을 살리시기 위해 120년 동안 배를 만들게 하고 홍수를 40 주야(晝夜)나 부으셨다. 음란한 소굴과 방블한 소돔으로부터 의로운 하나님의 백성, 롯의 가족을 구해내는데 천사를 개입시키고 유황불까지 쏟으셨다.

> ■ 하나님의 사역 케이스는 몇 가지가 된다/Several examples of God's work.
> '하나님의 사역에 대한 케이스는 그분의 말씀에서 확실하게 증언하고 있다'

5_3 하나님은 백성을 구해내는 데 최선을 쏟는다

애굽으로 부터 모세와 이스라엘 백성을 구해내는 데 10가지 재앙과 그중에 장자의 산 생명까지 모두 징벌하셨다. 미디안 백성의 손아귀에서 기드온과 당신의 백성을 구해내는 데 한 손에 횃불, 한 손에 항아리로만 이기게 하셨다. 바벨론으로 부터 이스라엘 백성을 귀환시키기 위해 70년 만에 이방 왕 고레스의 마음을 열어 감동하게 하셨다.

> ▪ 하나님은 백성 구하는 데 최선을 쏟는다/God does best to save his people
> '그의 사역 중, 하나님 백성을 구하는 사역은 치열하고 최선을 다하신다'

5_4 하나님의 사역, 어디 그 뿐인가?

타락한 세상으로부터 세상의 온 인류를 살리시기 위해 하나님께서 그리스도를 보내시고 십자가를 지게 하셨다. 사람과 달리, 하나님은 더 나은 사람을 찾고 계신다. 왜냐하면 사람은 하나님 관심의 대상 첫 번째이기 때문이다. 가련한 인간이 죄 많은 세상 가운데서 온갖 문제에 시달리며 사는 것을 하나님께서는 진정 원하지 않으신다.

> ▪ 하나님의 사역, 어디 그뿐인가?/Where is that, God's ministry?
> '하나님의 관심의 대상, 첫 번째는 항상 사람이셨던 적은 변함 없었다'

5_5 사람에 최대 관심을 두고 성경을 계시로 주셨다

하나님께서 계시로 주신 성경의 교훈을 인간이 지혜롭게 해석하여 그 진리의 교훈대로 살아가기를 진심으로 원하고 있다. 그러므로 본서가 그 한 몫을 다할 것으로 사료 된다. 이로써 하나님의 정의를 강물처럼 흘려보내듯, 구속사 진리를 활자 매개체로 작성하여 지상(紙上)에 흘려 내보낸다.

키_비브리칼_해석학
Key_Biblical_Interpretation

2024 11 18 처음 1쇄 인쇄
2024 11 28 처음 1쇄 발행

지은이_김동연
펴낸이_배수영

발행처_도서출판 러빙터치
출판등록 2014.2.25.(제307-2014-9호)
서울 도봉구 덕릉로 66길 17, #1709-203
02-745-0190/ 010-3088-0191
E-mail : pjesson02@naver.com

지은이_김동연Th.D., D.C.C.
대한예수교장로회 솔로몬일터교회
02-3486-2004
서울 서초구 방배로 39 미주프라자 1층
www.solomonch.com / www.solomonch.org
Copyright ⓒ 2024 김동연

Printed in Korea

포스트 크리스텐덤 시대를 위한 성경해석학

일터교회
영성 성숙도 연구

개정판 / New Revised Edition

_ 사역 유형별 _

일터신학 | 일터교회 | 일터선교 | 일터사역

김 동 연 Th.D., D.C.C.

┗ Workplace Church ┛
┏ Researches Spiritual Maturity ┓

_ By Ministry Type _
| Workplace Theology | Workplace Church |
Workplace Mission | Workplace Ministry |

러빙터치

한국교회 / 혁신과 / 세계선교의 / 새로운 / 대안

일터교회
영성 성숙도 연구

개정판
New Revised
Edition

김 동 연 지음 Th.D., D.C.C.

사역 유형별 _ **일터신학 | 일터교회 | 일터선교 | 일터사역**

Workplace Church-Researches Spiritual Maturity
_ By Ministry Type _
WORKPLACE THEOLOGY | WORKPLACE CHURCH | WORKPLACE MISSION | WORKPLACE MINISTRY

러빙 터치